U0090295

臺灣歷史與文化 研究輯刊

二十編

第 13 冊

臺灣老兵的返鄉之途
——段彩華《北歸南回》研究

陳建華 著

花木蘭文化事業有限公司

國家圖書館出版品預行編目資料

臺灣老兵的返鄉之途——段彩華《北歸南回》研究／陳建華
著 -- 初版 -- 新北市：花木蘭文化事業有限公司，2021〔民
110〕
目 4+168 面；19×26 公分
（臺灣歷史與文化研究輯刊二十編；第 13 冊）
ISBN 978-986-518-560-2（精裝）
1. 段彩華 2. 作家 3. 傳記 4. 文學評論
733.08   110011287

ISBN-978-986-518-560-2

9 789865 185602

臺灣歷史與文化研究輯刊
二十編　第十三冊　　　　　　　　ISBN：978-986-518-560-2

臺灣老兵的返鄉之途
——段彩華《北歸南回》研究

作　　者　陳建華
總 編 輯　杜潔祥
副總編輯　楊嘉樂
編　　輯　許郁翎、張雅淋、潘玟靜　美術編輯　陳逸婷
出　　版　花木蘭文化事業有限公司
發 行 人　高小娟
聯絡地址　235　新北市中和區中安街七二號十三樓
　　　　　電話：02-2923-1455／傳真：02-2923-1452
網　　址　http://www.huamulan.tw 信箱 service@huamulans.com
印　　刷　普羅文化出版廣告事業
初　　版　2021 年 9 月
全書字數　128458 字
定　　價　二十編 14 冊（精裝）台幣 35,000 元

版權所有‧請勿翻印

臺灣老兵的返鄉之途
——段彩華《北歸南回》研究

陳建華　著

作者簡介

陳建華，中華民國 48 年生，自幼在屏東市空軍凌雲三村長大，為眷村第二代，屏東高中畢業後即報考海軍軍官學校，為海軍軍官學校正期七十年班。海軍服役 24 年中校退伍，服役期間歷任各型軍艦輪機長、艦隊指揮部及海軍司令部參謀及左營、馬公後勤支援指揮部工程處副處長、計畫處處長，於 94 年 11 月 14 日在後勤司令部人行處副處長任內退伍。退伍後任職於民間造船廠與荷蘭外商公司，107 年 7 月考入國立屏東大學中國語文學系日間碩士班，109 年 11 月 20 日畢業。目前擔任觀光局大鵬灣國家風景區英語解說志工與環境教育解說員。

提　　要

　　軍中作家段彩華，自十七歲起即獻身創作，堅定地走在文學道路上，鑄造時代與社會的鏡子。他畢生經歷對日抗戰與國共內戰，在烽火連年、四處流離的時代陰影下，被迫遠離家鄉，與親人離散，作品見證中國近代史。其長篇小說《北歸南回》描寫三個外省族群返大陸探親的故事，傳達時代歷史的悲劇。回顧臺灣小說的老兵書寫，隨著政治與社會環境變遷，呈現出不同樣態的議題，這些小說就宏觀與微觀的視角，搭建政治與社會的舞臺背景，刻劃出老兵的內在心聲與血淚歷史。段彩華藉老兵返鄉的故事，提出了「身分辯證」、「心理衝突」與「鄉歸何處」關鍵性的問題。或有學者評論段彩華是以現代主義的觀點，為這些進退失據、逐漸凋零的老兵尋求歷史定位；但這樣的論斷，仍不足以表現出這部小說的精髓所在。事實上，老兵們的「身心變異」已涉及精神疾病層次，故本論文參考精神分析論述來探討老兵的心理創傷，並輔以敘事學創作理論來彰顯小說的寫作技巧，更追溯臺灣小說老兵書寫脈絡以探究段彩華《北歸南回》的繼承與創新。《北歸南回》看似同出一轍的老兵返鄉書寫，但細膩刻劃老兵的心理反應與精神狀態，將不堪回首的歷史記憶，從離散的悲情轉變成開創新局的動力，傳達化解悲情、族群融合的時代意義。

銘謝誌

秀蓉老師曾勉勵我說：「享受孤獨，才能苦盡甘來。」歷時一年不分假日與春節，固執著堅守教室勤力的筆耕，卻讓我太太心安跟著我一起掉落孤獨的深淵；我能完成論文順利的在兩年半內畢業，一切榮耀應歸功於我太太的默默支持，如果沒有她的生活打理，我也就無法專心一志的完成學業，藉著誌文對我太太大聲地說：「老婆，辛苦您了，謝謝妳。」

其次，我想對我的畢業論文指導教授林秀蓉老師表達無盡的感恩與謝意，如果沒有您的指導就沒有今天的我，您一直帶著寬容的心幫我加油打氣，而且十分細心地指出論文中的問題所在，並不厭其煩有耐心地提點與給我修改意見，我知道自己的書寫能力尚在啟蒙階段，但長久以來，老師的肯定態度激發我的鬥志且更有信心地繼續書寫下去，還有您著作的贈書，更讓我在裡面找到令我恍然大悟病理引用的書寫模式；老師，一朝入師門、終生以耀師門為志，這是我對您的回報。

回想入學前面試的窘態宛如昨日，在回答劉明宗老師的提問時竟然無厘頭的說出：「我只想藉中文研究所的讀書環境，修身養性澈底消除軍人的固執個性，我不曾想過要研究什麼。」此話真是一語驚四座，陪考官秀蓉與簡貴雀兩位老師在當下似乎欲言又止；這段書寫的用意謹表達個人對中文系所有老師的感激，以有教無類的初衷給我機會順利圓夢。

本論文的構思要感謝主任余昭玟老師的啟蒙，在選修她所教授小說專書研究與散文習作的課程裡，讓我精準的領悟到小說研究的邏輯與方法，以及書寫技巧的脈絡，因為事先接收到老師的教導，文內議題的研究與專書的引用，讓我在破題時找到了依據，讓我更有動力繼續的書寫下去；謝謝您在擔

任我們班導之時，一路相伴不離不棄。

最後，感謝陸官五十期（官校 70 年班）李孟保與王少谷兩位同學的協助，讓我能面對面親訪 1949 年隨國民黨軍自大陸轉進來臺在那就養的老兵伯伯，暢談當時撤退時的艱辛歷程，以及政府開放探親時大陸返鄉後感觸，尤其讓我印象深刻的韓國成伯伯，因參加韓戰身心倍受煎熬，至今恐懼在心而支吾其詞，不幸在訪談的一年後往生；韓伯伯，謝謝您，願您的英靈保佑中華民國千秋萬世。

如果沒有襯托與加持，任何事件的結果是無法比較出來的，換言之，如果沒有同窗的相互鼓勵與提點，在做學問的道路上總是會有令人婉惜的缺憾，此等情誼勝過摯友；各位同學，有你們真好，期盼未來的學弟、妹們以超越前期為目標，畢業不是離散而是力量的擴散，今日我們以屏東大學為榮、他日屏東大學也能以我們為榮。

末了，該輪到老學生抒發個人的感想了，搶在五十知天命的末端即邁入六十耳順之年的我，有幸考入國立屏東大學中國語文學系研究所，讓我在四十一年後再度重溫文學校的學生生活，對沒有體驗過大學生活的我是多麼的驚艷與珍惜，軍旅二十四年造就出一板一眼與固執的個性，兩年半的研究生學程對我而言並沒有增加人生的精采，反倒是抓緊重返學校讀書有限的時間，一以貫之的堅守陣地，一筆一筆將所學化做文字並不斷的書寫；雖然，「師者，傳道、授業、解惑也」，縱然系上老師在面對先天不良、後天老邁的年長學生，依然不棄嫌亦毫不保留傾囊相授，老師教學的態度令我感動並讓我融化不再是刻板的退伍軍人；中文系的老師們，請允許學生腼腆的表達我的心境，文學素養在您的教化下已有成長與進步，雖然不盡人意，但沒有您們就沒有今天的我。

陳建華（Pierre Chen）
中華民國一○九年十一月二十日
誌於國立屏東大學民生校區人文館 101 教室

目

次

表目次

第一章　緒　論

　　「家鄉」是一個耳熟能詳的名詞，它的內涵包含著成長、回憶與過往的事物，它在每個人的心裏就像大樹的樹根一樣，盤根錯綜的糾結著一輩子；自古以來作家藉文學創作來表達遠離家鄉的思念之情，或身不由己之悲痛。回顧 1949 年的國共戰爭，除了高階指揮官，在戰場廝殺抗敵的戰士正值青春年少，年輕的鮮血染紅了疆場，只為了等待凱歌高唱返鄉的一日；無奈戰況急轉而下，這些等待回家的年輕人，被迫渡海退守臺灣，這一等就是四十個年頭過去了，返鄉時已是一頭白髮，卻看不到也找不到回憶中的家鄉。

　　近代的作家尤其是自大陸來臺，將鄉愁轉化為小說、散文，如封德屏彙整 21 位外省籍作家的作品，他們藉文字書寫來表達個人因臺灣海峽兩岸長期隔離，家園便形成了日思夜夢遙不可及的桃花源，留下了骨肉親人離散的處痛，這也是中華民國近代史上，所留下來的民族大災難。〔註1〕海峽兩岸分治的事實已不容質疑，但歷史的軌跡卻是不爭的事實；在政治方面，戒嚴令的解除，更展開了民主化和本土化的浪潮。在這樣的時代衝擊下，家鄉是否就是以前的舊地，在緬懷的潛意識下，我們是否該重新認真的思考「家鄉」的定位。

〔註1〕《四十年來家國》彙編 21 篇散文，其中有鹿憶蓮、李金蓮、張曼娟等三位是生長於臺灣的第二代，她們以抱著尋根的心情寫出悸動的心情；大荒、王令嫻、王書川、王璞、丹扉、朱西寧、辛鬱、洛夫、疾夫、姚曉天、張拓蕪、張默、楊濤、楚卿、蓉子、鮑曉暉、藍欣等十八位則是重返家鄉，帶著失望心情寫下離散後的感觸。參見封德屏主編：《四十年來家國》（臺北：文訊雜誌社，1989 年 4 月）。

　　因國共內戰而轉進臺灣的軍人，親身經歷臺灣政治的詭變與兩岸情勢的對峙，他們遠離土生土長的家鄉，日日心懷還鄉的憧憬，這些軍人在思鄉的寄情隨著時間的流逝，逐漸凋零而老去。在當時，段彩華憑著自我鑽研的文學素養，以軍旅經歷作為創作題材，成為軍中作家。1987 年 11 月政府開放大陸探親，這四十年來透過政治局勢的變遷，段彩華則以「老兵」身分書寫老兵如何看待大陸家鄉，還有在臺灣生活四十年的感觸；其中的長篇小說《北歸南回》（2002），即描寫三個外省族群返大陸探親的故事，傳達時代歷史的悲劇。這部小說充分反映老兵的遭遇與心聲，如家鄉離散的後遺症、兩岸認同的不確定性，以及一輩子背負著「遺棄」、「不孝」的罪名；在臺灣海島上，這些老兵雖然為安身立命而付出青春的代價，但在族群的分界下卻成為一群被遺忘的漂泊靈魂。本論文即以段彩華長篇小說《北歸南回》為研究文本，探討老兵書寫的離散命運、認同議題，以及寫作手法。本章首先說明研究動機與目的，其次回顧相關文獻，最後敘明研究範圍與方法。

第一節　研究動機與目的

　　「反共文學」〔註2〕是臺灣 1950 年代特有的文學型態，隨國民政府來臺的文藝作家，爭相揭露共產黨血腥暴行以及離鄉逃難的事實；這些作家為了配合政府「反共抗俄」的政策，並爭取錄用刊登的機會，幾乎一面倒向反共意識，而失去個人的創作初衷。從 1949 年到 1989 年，四十年來的臺灣文學似乎也隨著政治氛圍而悸動，一如臺灣海峽的浪花起伏不定且暗潮洶湧，政治的動向與轉圜影響了臺灣文學的發展；就在 1987 年 11 月政府開放大陸返鄉探親之後，許多在反共文學的年代曾搭上「戰鬥文藝」〔註3〕列車的作家，

〔註 2〕反共文學：在 1950 年代的發展，大約可分成兩個階段。第一個階段是從 1949 至 1955 年，這段時期文學受到政治干涉，最為嚴苛的階段，反共文學之所以能建立，與 1950 年中華文藝獎金委員會及中國文藝協會的成立有密切關係，同樣屬於中國國民黨的中國文協黨團的領導人。第二階段是從 1955 至 1960，固然是以戰鬥文藝之提倡作為斷限，不過觀察文壇的變化也在這一時期出現一些跡象，這個階段逐漸見證到女性文學、現代主義文學，以及臺灣本地作家逐漸呈現活潑的現象。參見陳芳明：《臺灣新文學史（上）》（臺北：聯經出版事業股份有限公司，2012 年 10 月），頁 277～283。

〔註 3〕1955 年蔣介石提出戰鬥文藝地號召，使得軍中作家受到前所未有的重視。根據王集叢的《戰鬥文藝論》乃是鑑於中共把文藝當作鬥爭武器，所以臺灣也必須提倡戰鬥文藝。參見陳芳明：《臺灣新文學史（上）》，頁 271、273。

也在親情與故土的召喚下，再度回到日夜思念的家鄉。這趟旅程的心境，以各種體材創作的方式紀錄出讓人感動的篇章，這些創作也就形成老兵探親的主題。其寫作主軸在於描寫故土家園幾十年的歷史變遷，是一種抒發愛國思鄉感情的文學，散文方面如洛夫、朱西寧、張拓蕪、張默、張曼娟等人的合輯《四十年來家國》〔註4〕；至於老兵探親的小說，段彩華的《北歸南回》可謂是代表作。

一、研究動機

有關「臺灣老兵」並沒有很明確的界定，在趙世男、洪明燦合著《臺灣老兵三國誌》〔註5〕中，其中作者趙世男就是書中所描述出身於臺灣的趙老先生，以他的當兵經歷來定位臺灣老兵的身分資格。趙世男是在 1940 年代初期二戰時當過日本兵，戰後在國民政府整編之下成為中華民國軍人，隸屬於孫立人將軍所指揮的新一軍，因此被調往中國大陸參加了國共內戰，後來被俘虜招安而投共參加了人民解放軍，最終也經歷九死一生以偷渡的方式回到了臺灣。又卑南族作家巴代的小說《走過》〔註6〕，描寫 1945 年臺灣兵被送往大陸戰場投入國共內戰的故事；日據時期出生的屈納詩（陳清山），是臺東大巴六九部落的族人，日本投降後，因受國軍誘騙而前往大陸打仗。陳清山的命運與趙老先生雷同，都是因為被解放軍俘虜而無法隨國軍轉進臺灣，唯一的差異是陳清山留滯大陸而成家立業，直到 47 年後才回到自己的部落。以上臺籍與原住民老兵是二戰之前在臺灣出生長大的，誠然與探親文學中大陸返鄉的老兵背景截然不同；但他們有著時間停格與從軍經歷的共同點，也就經歷第二次世界大戰與國共內戰。本文鎖定臺灣老兵的對象，即為 1949 年隨國民政府來臺定居，以及韓戰被俘遣送來臺一萬四千名的反共義士。

這些從中國大陸來臺的外省兵，隨著年齡的老去被臺灣本地人取了一個稱呼就是「老芋仔」，所以我們要追溯臺灣老兵的歷史，就要從國共戰爭國民黨軍在節節失利開始，無論志願或非志願而投入國民黨軍的這批青、少年，在那些年、那些事不堪回首的回憶中，正如段彩華在《北歸南回》中寫出當時他們離鄉前的單純想法：「等平靜了就能回家了。」然沒想到久等四十年仍

〔註4〕封德屏主編：《四十年來家國》（臺北：文訊雜誌社，1989 年 4 月）。
〔註5〕趙世男、洪明燦合著：《臺灣老兵三國誌》（臺北：前衛出版社，2000 年 11 月）。
〔註6〕巴代：《走過》（新北市：INK 印刻文學生活雜誌出版有限公司，2010 年 6 月）。

無返家的希望。自 1987 年政府開放探親以來，從心理層面去微觀往返兩岸返鄉的老兵，我們不難發現在他們的身上，有幾許的失落與哀愁。四十年的傷別離，在相互遙望臺灣海峽的思念下，縱然海水已不再阻隔返鄉之路，當跨海回家的那一刻，家鄉故里卻早已人事全非。齊邦媛在〈印證今生──從巨流河到啞口河〉文中曾言及她由於近鄉情怯，所以遲遲不敢返鄉的心境：

> 1987 年 11 月開放大陸探親，六年後，我終於也回去了。那幾年間，幾乎所有「外省人」都回去過了。熾熱的探親文學已由重逢相擁的痛哭激情漸漸冷卻，甚至開始出現了幻滅的敘述。隔著臺灣海峽，漂流者日思夜想的是故國山川和年輕的親友，即使父母也應尚在中年，隔了四十年，回去時所見多是美夢的骨骸。還鄉者已老，仍是斷腸，所以我更遲遲不敢回去，不僅我無親可探，也因怕幻滅了珍藏的記憶，更是近鄉情怯。〔註7〕

從齊邦媛以上所言，可知家鄉故里的人事全非，使返鄉者珍藏數十年的記憶頓時幻滅，道盡探親者的悲痛。段彩華在《北歸南回》中，即表達對這些離散失鄉的老兵們的極度同情與悲憫。

探親文學，在於討論因鄉愁而激發出的民族感情、融和與溝通所衍生的問題。為了能更深入了解 1949 年內戰發生後，即將成為歷史名詞的老榮民，也就是外省「老兵」，在離鄉四十年再度回鄉後，他們的心理的轉折與其尋根的初衷是否依然如同回鄉之前，還有他們的後輩對於身分的認同有無影響，因而選擇段彩華的探親小說《北歸南回》作為研究文本，試圖以不同的角度來解讀這些老兵在返鄉探親後的內心世界與國族認同的問題。另基於研究者乃身為海軍中校退伍軍官，現屬榮民身分，且是外省老兵後代；曾聆聽父親述說第一次返鄉經歷，提及爺爺因為他的關係，在文化大革命時過著恐懼不安的日子。父親於四十年後返鄉只見一坏黃土，盡孝已遲，無限感慨。《北歸南回》是父執輩的返鄉故事，也是眷村中左右鄰舍長輩的故事，故藉本論文深探臺灣老兵的生命歷程與國族認同。

二、研究目的

段彩華自幼愛好文學，從「當幼年兵」開始，持續創作不懈，成為臺灣

〔註7〕齊邦媛：〈印證今生──從巨流河到啞口河〉，《巨流河》（臺北：遠見天下文化出版股份有限公司，2009 年 7 月），頁 558。

文壇上蜚聲海內外的作家；更在停筆十多年後，以七十高齡推出三百多頁的長篇小說《北歸南回》，描寫外省老兵返鄉省親，深沈地抒發老榮民鄉關何處的肺腑心聲。創作五十年的段彩華，將帶領讀者回溯反共懷鄉時期的歷史謳歌，進入其傳奇性生命歷程與寫實主義風格的小說。〔註8〕本論文是以《北歸南回》中返鄉探親的外省老兵為研究主軸。歸鄉、回鄉對現代人而言，因交通的便利並沒有特殊的感覺和情懷，且離鄉的動機大部分是自我的決定；但這些外省老兵卻是因為戰亂所致，他們萬萬沒想到其最終的歸宿竟在海水之隔的彼岸。回家鄉時面對的卻是年邁的同輩與一坏黃土之下的雙親，數十年等待與父母團圓的美夢幻滅，何等的殘酷與淒涼。本論文研究目的有二：（一）評析段彩華《北歸南回》的文學表現。（二）探討老兵書寫的時代意義。說明如下：

（一）評析段彩華《北歸南回》的文學表現

段彩華長篇小說《北歸南回》，以第三人稱為敘事觀點，聚焦描寫三位老兵返鄉的故事。家鄉，對已返鄉的外省老兵而言，成為泡沫幻影不復可見，景物依舊人事全非的隔離感，有如朱天心在〈古都〉中所言：「難道，你的記憶都不算數……」〔註9〕，朱天心所謂的記憶卻有符號的意象，而符號是隨時可以被消滅或取代的。正如范銘如在《文學地理：臺灣小說的空間閱讀》中剖析意象的關鍵點，因為沒有堅固的支撐，終究變成虛擬的象徵，他說：

> 戰後國民政府「暫住」臺灣的政策導致臺灣空間象徵意義的匱乏。
> 在鄉土文學蔚為潮流之前，國民黨構想宣導的國族空間與文藝政策
> 裡並沒有將臺灣形塑成為主要的象徵性符號，……寫實主義文學裡
> 刻畫的空間座標大部分強調在大陸的風土，「神州」、「江南」、「大
> 漠」或「塞北」等模糊的區域指涉反而成為戰後二十年間臺灣文學
> 裡常見的文化符碼。〔註10〕

對於離鄉、思鄉的人來說，記憶的抹煞是不容易發生的，因為家鄉的一切是他們僅有的精神慰藉，因此戰後二十年間臺灣文學裡常見「神州」、「江南」、

〔註8〕　參見：《榮民文化網・榮民才藝》，網址：〈https://lov.vac.gov.tw/zh-tw/culture _c_1_3_6.htm?1#C〉檢索時間：2020 年 5 月 21 日。

〔註9〕　朱天心：《古都・古都》（臺北：印刻出版有限公司，2002 年 6 月），頁 151。

〔註10〕范銘如：《文學地理：臺灣小說的空間閱讀》（臺北：麥田出版社，2008 年 9 月），頁 170。

「大漠」或「塞北」等的空間符碼。家鄉的記憶，似乎因科技的發達與交通的便利，對於現代人來說並非是討論與追尋的重點；惟對於只能遙望而無法回家的外省老兵，家鄉的記憶是他們在臺灣生活的重心。除此，值得注意的是，隨著歲月的流逝，「家鄉中的記憶」與「記憶中的家鄉」似乎形成拉扯的關係。

少小離家老大回，正是外省老兵返鄉的殘酷寫照，開放探親之前，屬於這類的外省族群，心中日夜所盼望地是「反攻大陸、解救同胞」，依然在被緊箍的幻想與魔咒之中活著，這也是他們回家鄉的唯一希望。這些老兵經歷「白色恐怖」〔註 11〕、「退出聯合國」、「中美斷交」、「開放黨禁與廢除戒嚴法」，隨著臺灣政治轉型，他們唯一所憑藉幻想與魔咒，開始泡沫化而變成遙不可及的幻影。在思鄉情切的潛意識裡戰亂離家的不幸，或許讓人不堪回首；但有家歸不得的持續旅程，也不禁讓人感傷。尤其隻身在外，何處是真正的「家」，何處才是安身立命、落地生根之所，成為老兵絕望中不得不思考的問題。原本的家鄉意象，在返鄉探親後，由於臺胞的身分、雙親離世與親人態度等因素，徹底轉變返鄉的熱絡。段彩華《北歸南回》關注老兵返鄉探親後如何重新思考大陸與臺灣之間的關係，以及內心的認同依歸。基於上述，本論文研究目的之一，評析《北歸南回》中老兵的離散命運、國族認同，以及主題意蘊、寫作技巧。

（二）探討老兵書寫的時代意義

王德威在《跨世紀風華：當代小說 20 家》對於鄉愁的源起做了詮釋：「原鄉的誘惑其實源自於離鄉或無鄉的惶恐」〔註 12〕，由此可以印證，在段彩華的短、中、長篇小說裡，所有背景大部分來自家鄉的記憶，在小說中描述的片刻也就是他鄉愁的延續，正如梅家玲所說：「文學中的『故鄉』不僅是一地理上的位置，也代表作家（及未必與作家誼屬同鄉的讀者）所嚮往的生活意

〔註 11〕我國戒嚴時期（1949.5.20～1987.7.15）長達 38 年的白色恐怖人權侵害政治案件繁多，性質錯綜複雜，是延續 228 事件的一連串人權侵害事件的歷史。臺籍受難者多數自稱為白色恐怖受害人之外，社會長期沿用「白色恐怖」字彙指涉這段歷史目前不論中央或地方，官方常使用「戒嚴時期」指涉。有關白色恐怖歷史的分期，也有研究者指出從 1949 年臺、師大四六事件至 1992 年修正〈刑法〉第 100 條為止。參見曹欽榮：〈歷史交響詩——白色恐怖口述與跨領域研究初探〉，《中華人文社會學報》第 8 期，2008 年 3 月，頁 168。

〔註 12〕王德威：《跨世紀風華：當代小說 20 家》（臺北：麥田出版社，2002 年 8 月），頁 140。

義源頭。」〔註13〕但是這樣的想法在大陸探親開放之後，這些作家對家鄉的定位，從思鄉情切徹底的轉化成故鄉的回憶，這樣的轉變是具有指標性意義的，那就是由惶恐而變成失落與感慨。因為原鄉的一切已有大部分憑空消失，記憶中的拼圖已零散一大半，再也無法拼湊成年少時候的印象。回鄉懷鄉，可說是段彩華小說中慣見的主題，如早年短篇〈外鄉客〉、〈縮水的臉譜〉等，若與《北歸南回》相較，前者乃作者還鄉前對故土思念的心理投射；所有對故土的思念都在 1987 年開放探親時化為現實的接觸，更加印證時代歷史的悲劇。〔註14〕

從臺灣文學的進程脈絡觀察，《北歸南回》與五〇年代的「反共文學」與「懷鄉文學」相較，其所抒發的情感是有差異性的，我們不難發現在小說內人物的思想已經有了戲劇性的轉變。段彩華藉這部小說提醒讀者，「過去」只是記憶的一部分，但過去的一切是會被改變的；正如書中老兵返鄉本來是興緻勃勃的細說從前，但走進故鄉才發現人事全非，腦海中的家鄉有如拼圖般散落一地，而且部分已消失無蹤再也找不回來了，這時面臨的是國家認同的問題。在海峽兩岸分治的事實下，國族的界定已是不爭的事實，而外省人的別稱也因兩岸局勢的變化成為歷史名詞。《北歸南回》採第三人稱書寫，時空穿越近代歷史的悲劇，描述老兵思鄉心切與返鄉後的失望，藉此表露中國人在國家分裂後的身心創傷，最後以結局來告訴讀者：兩岸人民本是同根生，我們當記取教訓，和平才是曙光，表達兩岸共榮共存的心願。基於上述，本論文研究目的之二，將回顧五〇年代至九〇年代以後臺灣小說中的老兵書寫文本，進而彰顯《北歸南回》老兵書寫的內容特色與時代意義。

第二節　文獻回顧與探討

綜觀前行研究成果，探討段彩華小說的學術論文並不多見，除了評析段彩華其人與作品的單篇文章，目前僅有余昱瑩、彭嬌英兩篇碩士論文。說明如下：

〔註13〕梅家玲：〈八、九〇年代眷村小說（家）的家國想像與書寫政治〉，參見《性別，還是家國？——五〇與八、九〇年代臺灣小說論》（臺北：麥田出版社，2004 年 9 月），頁 166。

〔註14〕林秀玲：〈鄉歸何處？〉，參見張恆豪：《臺灣當代作家研究資料彙編‧86‧段彩華》，頁 321。

一、單篇論文

有關段彩華其人與作品評析的單篇文章，依據張恆豪編《臺灣當代作家研究資料彙編·86·段彩華》〔註15〕及鄒桂苑〈段彩華研究資料彙編〉〔註16〕，彙整如下表：

表 1-1：段彩華其人與作品評析（單篇文章）

篇次	作者／篇名	期刊（報紙、書名）／出刊（版）時間
01	謝竣溪／〈評段彩華《幕後》〉	《文藝創作》第 7 期／1951 年 11 月
02	李廣淮／〈段彩華少年、大兵、作家的夢〉	《中國一周》第 839 期／1966 年 5 月
03	黃姍／〈段彩華的寫作生涯〉	《自由青年》35 卷 12 期／1966 年 6 月
04	張健／〈評段彩華的《押解》〉	《幼獅文藝》27 卷 5 期／1967 年 5 月
05	陳一山／〈「三馬入峪」的剖析〉	《新文藝》第 134 期／1967 年 5 月
06	陳戈／〈氣氛與布局——評段彩華〈怪廟〉〉	《青年戰士報》／1969 年 8 月 25～27 日 7 版
07	桑品載／〈一立方公分的段彩華〉	《純文學》第 41 期／1970 年 5 月
08	嶽峰／〈評介《鷺鷥之鄉》〉	《青年戰士報》／1971 年 11 月 07 日 10 版
09	顏元叔／〈《門框》讀後〉	《文學經驗》／1972 年 7 月
10	原上草／〈評段彩華的〈沙河對岸〉〉	《臺灣日報》／1973 年 3 月 9～13 日 9 版
11	李寶玉／〈《花雕宴》讀後〉	《中華文藝》8 卷 4 期／1974 年 12 月
12	陳克環／〈段彩華的插秧的片子〉	《書評書目》第 20 期／1974 年 12 月
13	上官予／〈評《貨郎挑子》〉	《現代與傳統之間》／1975 年 12 月
14	丘秀芷／〈段彩華的「白雪陽春」〉	《書評書目》第 36 期／1976 年 4 月
15	姜穆／段彩華的營構	《文藝月刊》第 112 期／1978 年 10 月
16	司馬中原／〈淺析段彩華的「駱家南牆」〉	《中華文藝》第 108 期／1980 年 2 月
17	何寄澎／〈簡析《酸棗坡的舊墳》〉	《中國現當代小說選 I》／1984 年 2 月

〔註15〕張恆豪：《臺灣當代作家研究資料彙編·86·段彩華》（臺北：國立臺灣文學館，2016 年 12 月），頁 329～331。

〔註16〕鄒桂苑：〈段彩華研究資料彙編〉，《文訊》第 139 期，1997 年 5 月，頁 106～108。

18	郭明福／〈一個或將湮滅的故事〉	《琳瑯書滿目》／1985 年 7 月
19	方瑜／〈「邊緣人」的世界—評段彩華的野棉花〉	《聯合文學》3 卷 7 期／1987 年 5 月
20	張健／〈棋仙、小丑、幽默〉	《文學的長廊》／1990 年 8 月
21	鄒桂苑／〈段彩華研究資料彙編〉	《文訊》第 112 期／1995 年 2 月
22	萱／〈段彩華要為歷史存真〉	《文訊》第 139 期／1997 年 5 月
23	保真／〈名畫血債〉	《保真領航看小說》／1999 年 5 月
24	林秀玲／〈鄉歸何處？〉	《聯合報》／2002 年 8 月 18 日 23 版
25	張行知／〈段彩華和他的《我當幼年兵》〉	《青年日報》／2004 年 11 月 29 日 10 版
26	范銘如／〈繞樹三匝，何支可棲？——評段彩華《北歸南回》〉	《像一盒巧克力——當代文學文化評論》／2005 年 10 月
27	微知／〈評《段彩華自選集》〉	《隨風而去》／2006 年 9 月
28	陳明芳／〈《情場》導讀〉	《青少年臺灣文庫 II——小說讀本 2：約會》／2008 年 12 月
29	陳明芳／〈段彩華的小說特質〉	《臺灣新文學史》／2011 年 10 月
30	隱地／〈段彩華、〈野棉花〉和其他〉	《文訊》第 353 期／2015 年 3 月
31	桑品載／〈西出陽關有故人〉	《跨國、跨語、跨視界——臺灣文學史集刊　第五輯》／2015 年 8 月

（研究者製表）

　　在以上 31 篇單篇文章中，茲就對本論文研究具有參考價值者，說明如下：

（一）姜穆：〈段彩華的營構〉〔註 17〕

　　該文內容首先提及，段彩華那一代作家是在漫天烽火中，逃過了死神的黑手而成長的，劫難造成那一代的悲劇。以一個文學家的成長而言，他們通過滿地荊棘而來，回顧來路，真是血跡斑爛。段彩華小說家的地位，是經過二十多年的磨練與奮鬥不輟而建立起來；他沒有學位，卻有豐富的知識，特別是對人生的體驗，銳敏而深入。該文其次說明段彩華小說大致可以分成三

〔註 17〕姜穆：〈段彩華的營構〉，參見張恆豪：《臺灣當代作家研究資料彙編·86·段彩華》，頁 216～224。

類，第一類以他的故鄉為背景，第二類以軍中為背景，第三類以現實的生活為背景。該文最後評價段彩華小說，他的記憶極為驚人，是一個把熱烈情感深藏在小說人物及情節的作家；又他使用家鄉特有的語言，尤其是那些專有名詞，如鳥類、作物名等，形成小說的最大特色。段彩華基於以上這些優越的條件，使他成為中國小說十大家之一。

（二）陳明芳：〈段彩華的小說特質〉〔註18〕

該文認為段彩華擅長寫自己經歷的故事，卻又不是庸俗的寫實主義者。在創作的過程中，偏向現代技巧，指出：「段彩華喜歡寫扭曲的心靈故事，在內心世界往往可以看到另外一層風景。」的論點來定位其與眾不同的寫作風格。曾為反共作家段彩華，在後續的小說創作中，或許是因為政治的氛圍讓段彩華有某種執著的概念，在欲言又止的限制因素下，使用象徵與隱喻的方式，在傳統與現實之間有了銜接。他也擅長使用較短的句法，無形中使讀者在閱讀時，帶動輕快的旋律。對於傳統中的迷信，以迂迴的方式徹底反省，對於反共復國的神話也有某種程度的批判，同時也使用了象徵與隱喻的方式。該文剖析《北歸南回》所要表達的意圖所在，也指出段彩華畢生寫作的菁華與銳變，在這本小說發揮至極致。尤其是以虛構的小說人物經歷人間現實的冷暖，安排親身體驗的自己化身為于思屏，以一個說故事者的身分交代了這段對回歸、認同不定性的原委，讓讀者去思考以後的去向。

（三）林秀玲：〈鄉歸何處？〉〔註19〕

該文認為《北歸南回》十分符合段式的文學主張，段彩華主張語言應是樸實的，一看就懂，作品亦要能反映時代精神；但有時又失之以義害文，讀者閱讀時少了那點想像的空間。這本小說人物，大部分都良善樸直，但是比較像是一些類型，或許失之心理深刻的描繪。段彩華絕對是那種文如其言的作家，他的小說充分流露仁愛忠恕內在靈現，因為他信仰的樸實的語言風格、樸實無華的白描風格，以及傳統的直線敘述，由人物帶出另一個人物及敘事情節，情節連環相扣，結構嚴謹。段彩華及時地為我們在1980年代兩岸重要關係的一刻作傳，留下記錄，這也是《北歸南回》的歷史意義。

〔註18〕陳明芳：〈段彩華的小說特質〉，參見張恆豪：《臺灣當代作家研究資料彙編·86·段彩華》，頁 231、232。
〔註19〕林秀玲：〈鄉歸何處？〉，參見張恆豪：《臺灣當代作家研究資料彙編·86·段彩華》，頁 321、322。

（四）范銘如：〈繞樹三匝，何枝可棲？——評段彩華《北歸南回》〉〔註20〕

該文認為《北歸南回》是描寫遷臺老兵返大陸尋親的新作，在敘述技巧、視野內涵上，皆超越作家以往的格局。兩岸開放交流至今，外省老兵返鄉省親不再是熱門的話題，文學領域裡也從尋親轉變為近年來的經貿與觀光之旅。這時候再來處理這樣的題材是又不新鮮且不被討好的，但由昔日反共作家寫來，卻獨有一番況味。以三個退役榮民的返鄉經歷為主軸，《北歸南回》本著嫻熟的寫實主義筆法和說故事的超高本領，每段情節都在翔實推進下，突有出人意表的發展。也許是為了讓老兵們不必面對身分認同中兩邊拉鋸的窘境，段彩華循例在結局裡安排了光明伏筆，期許兩岸和平往來。

二、學位論文

目前以段彩華為研究對象之學位論文僅有兩篇，一為東吳大學中國語文學系余昱瑩之碩士論文〈段彩華小說研究〉，另一為臺北大學中國語文學系彭嬌英之碩士論文〈段彩華長篇小說研究〉。說明如下：

（一）余昱瑩：〈段彩華小說研究〉〔註21〕

該篇論文先以段彩華的「人生經歷及創作生涯」與「小說的主題與內涵」，探索其創作過程背後的歷史經驗與社會脈絡，以期瞭解作品中的主題意涵及其所具有的時代意義。小說情節有原鄉的歷史記憶，也是其書寫小說的著力點；在不同的時代家鄉的定義，因夢境與實景、記憶與現況的交叉比對下，小說創作的文學發展因而從懷鄉文學轉換成返鄉文學。雖然故事內容作了改變，但對於「現實社會的關懷」仍不減初衷，多就社會現象為議題，以及對人物的庸俗、貪、欲、投機鑽營，進行嘲諷譏刺，在詼諧妙趣中暗藏憂思，結合嚴肅的寫實和詼諧的諷刺。綜觀該論文的重點在於分析段彩華各類小說的創作技巧與內容隱喻，創作技巧方面，透過小說與電影藝術技巧的結合，提供讀者「如臨實境」的新體驗，不僅強化作品的畫面感與具象性，也呈現蒙太奇的效果，以此形成個人獨特的風格特色。該論文對段彩華小說中的現實社

〔註20〕范銘如：〈繞樹三匝，何枝可棲？——評段彩華《北歸南回》〉，參見張恆豪：《臺灣當代作家研究資料彙編‧86‧段彩華》，頁 323、324。
〔註21〕余昱瑩：〈段彩華小說研究〉（臺北：東吳大學中國語文學系碩士論文，2011年8月）。

會關懷，以及寫作風格特色的探析，皆提供本論文參考的助益。

（二）彭嬌英：〈段彩華長篇小說研究〉 〔註22〕

該論文主旨在討論段彩華《龍袍劫》、《清明上河圖》及《北歸南回》這三部長篇小說。其中《北歸南回》為了清楚交代返鄉的歸途與當地的風俗習慣，特別以人文地理中人與地的關係，作為故事中地方發展的考據，並清楚地將家鄉的演變與人物的關聯表現出來。段彩華雖為 1949 年隨國民政府來臺的作家，但卻一直到 2002 年出版的《北歸南回》才首次寫到「返鄉」題材，小說有大量與段彩華自身經驗重合之處。由小說描繪更可見來臺老兵們在返鄉省親後對於自我認同的感受，而在臺灣的這一群人不僅失去了故鄉（中國），更失去了身分，處於兩相矛盾的困境之中。藉助該論文可以了解段彩華長篇小說中的人物，在生命歷程與返鄉情懷中探索人物所要追尋的目標，尤其是就思想內涵所牽絆出來的原鄉情結，有助本論文探討認同的議題。

綜觀以上之前的研究成果，大多針對段彩華的創作思維與思鄉歸鄉為討論議題。本論文將奠基於以上論述，針對《北歸南回》進行更深入的研析，如老兵返鄉探親後如何重新評估大陸與臺灣之間的關係，以何種認同作為依歸重新衡量，其中「北歸」、「南回」所透顯的時代意義為何，都將是本論文探討的重點。

第三節　研究範圍與方法

一、研究範圍

本論文以段彩華最後一部長篇小說《北歸南回》為研究文本，全書不包含〈序〉，總共二十四個目次。首先是「總論」，介紹故事的主軸，這是一闋大時代的悲歌，白髮還鄉的大時代小說。所謂北歸，就是回歸故鄉；南回，則是重返臺灣。全書以季里秋、于思屏、方信成等三人回鄉的故事為線索，各自鋪陳衍生各自的悲喜哀樂，卻又環環相扣，彼此牽連。作者以一代人之共同經歷，勾勒出時代場景，為歷史作誌，充分展現殘酷歷史造就的悲哀與殘缺，替無法定位的飄泊靈魂做出最佳詮解。也提出幾十年來中國人的共同願望；

〔註22〕彭嬌英：〈段彩華長篇小說研究〉（臺北：國立臺北大學中國語文學系碩士論文，2013 年 7 月）。

歷史是一陣陣的傷痛，必須用誠實的和平來治療，而不是把稻米換成砲彈，再添悲情。老作家的新作品，氣派恢弘，堅定自信。小說情節在二十三個目次中展演，依序說明如下：

（一）〈留住痛疾待還鄉〉〔註23〕

是以秋天為故事的起頭季節，秋天自古以來總是被文人雅士增添少許的愁滋味，藉助鄉愁的思緒；由故事中的靈魂人物于思屏至榮民總醫院就診時的巧遇經過，直接引領讀者進入政府開放探親的年代，更凸顯老兵方信成在國共內戰時所受的槍傷，來隱喻當時戰場上的慘烈情景，以戰爭的殘酷來警惕這一代的中國人；又以「三百六十五里路唷，從故鄉到異鄉，三百六十五里路唷，從少年到白頭」〔註24〕，一首歌的歌詞來表達當時離家四十年急欲返鄉老兵的期盼。固執且堅持的方信成，原以一意孤行的態度僵持下，正與醫生強辯時，在于思屏傳達收音機正在宣達政府開放大陸探親的政策後，終於卸下心防遵從醫生的指示，仍以服藥的方式控制病情不再堅持開刀，理由是要保住性命一圓返鄉之夢，揭開了故事開始的帷幕。

（二）〈家信難寫更難寄〉〔註25〕

這章故事中第二位男主角出現了，也就是姻親的關係被于思屏以舅舅相稱的季里秋，從睡夢中清醒的他正回想夢境時，外甥于思屏正按住門鈴讓他憮然回神，夢境的安排正代表著在臺老兵思鄉的無奈，這場夢境也是老兵初次返鄉的實境遭遇，季里秋的夢正代表當時老兵的思鄉情切的心事；為了讓返鄉之行順遂，舅甥倆一見面就開始籌劃返鄉事宜，決定先寫家書告知老家的親人即將返鄉的訊息，但卻考量收信人的反應及地址的沿用，而傷透腦筋，最後決定以將相同內容的信件以不同的地址一併寄出。

（三）〈老榮民還鄉的難題〉〔註26〕

榮民之家的設置其主要功能在於就養單身或生活無法自理的老榮民，這章就以榮家為場景並設計出滿頭白髮老榮民的對話，從對話中表露出當時因鬧八路軍被趕離家鄉的無奈，隨後又轉回季里秋、于思屏為返鄉之事訪友來

〔註23〕段彩華：《北歸南回》，頁7～21。
〔註24〕〈三百六十五里路〉作詞：小軒、作曲：譚健常，1979年11月發行，參見於段彩華：《北歸南回》，頁9。
〔註25〕段彩華：《北歸南回》，頁22～33。
〔註26〕段彩華：《北歸南回》，頁34～47。

到榮家，也帶出了老榮民許多不為人知不堪回首的遭遇，也包含了因韓戰而刺青的夢魘，雖然各個思鄉心切，然段彩華寫進了一段話：「太晚了，開放的太晚了。……現在回去，頭髮白了才回去，還能看見誰呢？」〔註27〕來詮釋這章的主題。

（四）〈陌生女兒的照片和回信〉〔註28〕

隨著寄自中國江蘇省心安鎮的信封，掀起了故事第一段的高潮，信封裡的一張照片勾起了隱藏內心已久的感傷與相思，在離鄉多年之後的季里秋，得知前妻已改嫁並莫名的多出一位女兒，對一個之前完全都接收不到家中訊息的男人言之，內心的五味雜陳是可想而知，幸而在兩位姊姊的來信歷歷指證下，還是以狐疑的心態接納之，這段情節即探討在中國的傳統觀念下婦女守貞的必然性，相關性的議題研析後續將會提出論證。

（五）〈兩封回信一笑一哭〉〔註29〕

從一場文化界的座談會，藉助移民美國華僑將個人旅遊大陸一個月的見聞，以座談的形式，描述了故國江山的改變，然卻在結束後語帶悲泣的口吻說：「回去一趟，最深刻的感觸是，我難做中國人，也不是臺灣人，而是世界人、宇宙人、外太空人」〔註30〕這也是在老兵返鄉後的感觸，「認同」的問題至今一直存在於海峽兩岸之間，也是本論文討論的重點之一。

這章穿插了方信成書信返家等待的憂慮，也引出了一段海誓山盟的婚約及深情款款的對話。在于思屏接到母親的回信後悲感交集，但情節急轉之下，不久又接到第二封堂弟坦承前封隱瞞老人家過世的真相，這樣的晴天霹靂消息讓于思屏昏倒在地重創而送進了醫院，季里秋在探視與之交談後感慨的說出「母親就是故鄉」〔註31〕，這句話是段彩華以比、興的方式，認為唯有環繞在母親身邊的兒時記憶之處，才是自己「根」之所。

（六）〈歸鄉路上笑話百出〉〔註32〕

返鄉在幾經波折後如願以償，除了季里秋、于思屏外，在機場還出現了

〔註27〕段彩華：《北歸南回》，頁46。
〔註28〕段彩華：《北歸南回》，頁48～60。
〔註29〕段彩華：《北歸南回》，頁61～76。
〔註30〕段彩華：《北歸南回》，頁62。
〔註31〕段彩華：《北歸南回》，頁73。
〔註32〕段彩華：《北歸南回》，頁77～87。

兩位配角即江昆與殷家勝，他們四位在同一天搭同一班飛機返鄉，在搭乘飛機與火車之時，段彩華在情節中幽了一默增添小說的趣味性，但也暗指返鄉之途照理說對於一個歸鄉人是再熟悉不過了，但卻因陌生而窘態百出，這在兩岸分治了四十年後，他提出了一個參考點，那就是對故鄉的迷思。除此，這裡更巧妙的安排酸渣汁在旅途中的呈現，也是這本小說首次以家鄉味的驚喜，用來撫慰老兵懷鄉的空虛，這樣的一個小小的鋪成，卻是所有留滯臺灣老兵的心聲。

（七）〈回到故鄉〉〔註33〕、（八）〈石壩見證三代長缺〉〔註34〕、（九）〈午宴與野宴〉〔註35〕、（十）〈失去籍貫的空中飛人〉〔註36〕

以上四個目次是描述季里秋探親的經歷即所接觸的人、事、物，在這部小說故事三位主角中第一個回到家鄉的人，段彩華在這也寫了一句令人深思的話「回到家鄉，必須選擇晴朗的白天」〔註37〕，這樣也就空出了時間讓季里秋回憶當初離家的始末，除提到當時共軍勢如破竹的攻勢，也加入了段彩華自己曾為流亡學生搭火車離鄉的過往〔註38〕，注入了這本小說的內容裏，當然也概述介紹了蘇杭的名勝古蹟。天亮了，季里秋搭上了往家鄉的火車回到了老家與素未謀面的女兒團聚，從女兒的臉上看見了母親與前妻的模樣，這樣的團聚讓季里秋確認「不是戲劇裡演的，卻是真實的人生，讓他遭遇到了。季里秋看著女兒，不禁惘然了。」〔註39〕。

回到家鄉後，除了探視親人外也同時迫切的希望見到老同學與兒時的玩伴，他們分離於稚氣未脫的年齡，在相見之時大家已經是滿面皺紋與一頭銀髮了，在同學相見歡的序幕裏，也直接控訴了中國共產黨在文化大革命時的殘暴無道。返鄉探親最終的目的在於探望爹娘與祭拜祖先，但戰亂後的結果卻是與雙親生離死別，更悲哀的是無法替雙親送終，國共內戰是中國現代史悲劇發生的起因，因為戰爭讓許多人莫名地背上不孝的罪名，段彩華讓季里秋說了一段話：「水永遠往南流，卻不是當年的水。」吐露自己無法孝親、侍親的無奈。回

〔註33〕段彩華：《北歸南回》，頁88～98。
〔註34〕段彩華：《北歸南回》，頁99～113。
〔註35〕段彩華：《北歸南回》，頁114～129。
〔註36〕段彩華：《北歸南回》，頁130～145。
〔註37〕段彩華：《北歸南回》，頁88。
〔註38〕張恆豪：《臺灣當代作家研究資料彙編‧86‧段彩華》，頁112。
〔註39〕段彩華：《北歸南回》，頁98。

鄉的老兵大部分會就地設宴款待至親好友，季里秋也是其中之一。

終於，到了回臺灣的日子，臨行之前親自為亡父的墳前立了新碑，以彌補隱藏在內心多年來的歉疚。季里秋依約抵達了香港啟德機場，在華航服務櫃檯前坐下靜靜地等候江昆與殷家勝，在等候之時巧遇美籍商人楊時運，這裡值得一提的是段彩華藉「流行」的話題以楊時運的身分道出了中國人的傷痛。這也是回到臺灣的季里秋回答于思屏對於家鄉現狀的形容，變樣了。雖著急得等候但江昆始終沒露面，兩人在無奈的情形下，也只得搭機回臺灣了。段彩華很有技巧性地讓江昆失聯，在故事轉折之下也驚喜地交代了因入境手續未辦妥而變成了空中飛人也是本目次的主題，更是以曾有老兵因返鄉所發生的軼聞趣事，來增添小說內容的曲折性，也述說著兩岸認同的殘酷。

〈藏密信引起吃老醋〉〔註40〕沿續前兩章提及于思屏的堂哥于思祥，在家鄉已成婚後因戰亂而離散，女方在于家守候三年遂改嫁他人；經季里秋轉知後，于思屏為了讓遠在美國的堂哥，知道家鄉在闊別幾十年後的變化與瑣事，決定寫信告知惟字裡行間裏必須將此事用魚目混珠的方式來表達，刻意隱瞞現在美國的堂嫂。

這封信揭露了共產黨在竊據大陸尤其是「文化大革命」〔註41〕之時，清算鬥爭的慘絕人寰從信中的一段話可知當時的苦難。其實本章節是作者藉常芸秀的心結，她是于思祥來臺灣再娶的結髮妻子，替後續三人返鄉之途鋪上了一條路。

（十一）〈山居朋友的重託〉〔註42〕**、（十二）〈探親途中個種心情〉**〔註43〕**、（十三）〈亂世病和後遺症〉**〔註44〕

于思屏辦了探親手續後，便與堂哥于思祥約定了返鄉行程，另在榮民之家就養的袁火、打過韓戰的趙立和兩人也與于思屏相約，一同返鄉探親；臨行前專程去了一趟鄉下拜訪方信成，也受託於幫其返重慶確認母親安在及尋訪有婚約之盟的女友，其中的對話也露出痴情男的期盼，方信成也只是留滯在臺灣而終身未娶的老兵代表，青壯之時總以為反攻大陸終會實現，但希望

〔註40〕段彩華：《北歸南回》，頁 146～155。
〔註41〕李守孔：《中國現代史》（臺北：三民書局股份有限公司，1983 年 9 月），頁 203～206。
〔註42〕段彩華：《北歸南回》，頁 156～165。
〔註43〕段彩華：《北歸南回》，頁 166～175。
〔註44〕段彩華：《北歸南回》，頁 176～188。

破滅之時已是白髮老翁了，段彩華安排這樣的人物在故事中，也就是意有所指的在這些老兵身上隱藏著許多令人不捨的愛情故事。

　　在趙立和面對飛機上的餐點，有感而發的回憶起當年從軍的部隊因大陸東北淪陷，被解放軍接收而意外參加韓戰的經過，當然在朝鮮被美軍俘虜即成為「一萬四千名的韓戰反共義士」〔註45〕的歷程。他們返鄉的時間正好是北京爆發了「天安門事件」〔註46〕，段彩華間接地讓美籍的楊時運，再度出現在香港機場遇上等待轉機到大陸的于思屏等三人，這樣的時間點的安排並巧妙地藉外籍人士的視角來看天安門事件的發生，雖短短的幾行字卻道出了當時緊張與紛亂的局勢。

　　趙立和因電視劇中韓戰的劇情，痛苦的烙印再度重現在腦海裏，心情而急轉直下，這也是段彩華隱射韓戰陰影對曾參與過老兵的傷害。

（十四）〈車廂中的回憶〉〔註47〕、（十五）〈夢裡的家園都消失〉〔註48〕、（十六）〈被改變的和被埋葬的〉〔註49〕

　　在搭車穿越長江大橋返老家的途中，于思屏坐在汽車上仍有淡淡的憂愁縈繞著他，腦海中浮現的是15歲時的場景，回憶就像電影一樣放映再如銀幕的大腦中，從徐州到于家莊，親戚、母親及祖母一個個接續出場，他（她）們

〔註45〕1950年6月，韓戰爆發後，共匪初則派遣技術及顧問人員協助北韓南侵，迨同年10月聯軍返歸逼近東北國境，共匪懼大陸同胞響應起義，復因受俄國所唆使，乃組織「抗美援朝志願軍」，先後以林彪、彭德懷為司令員，開入北韓對聯軍發動瘋狂猛撲，聯軍驟不及防，被迫後撤。1953年7月，韓境停戰協定簽定總計匪軍死傷達一百五十四萬，其中約一百萬人係脅迫「戴罪立功」之國軍俘虜。而志願來臺之反共義士高達一萬四千餘人。彼等在濟州島戰俘營時有可歌可泣之愛國表現，曾血染國旗，遍體刺「反共抗俄」字樣，並瀝血上書蔣總統，表示嚮往自由，效忠領袖之決心。1954年1月，反共義士分批抵臺，受到祖國軍民之熱烈歡迎，共同參加復國建國大業。參見李守孔：《中國現代史》（臺北：三民書局股份有限公司，1983年9月），頁198。
〔註46〕1989年6月4日震驚全球的天安門武力流血鎮壓事件，至今年滿30週年。外界通稱的「六四事件」或是「八九民運」，可概分兩時間點。狹義是指6月3日晚間至6月4日清晨的武力清場，廣義是4月15日胡耀邦過世後，由北京的大學生發起的近兩個月抗議遊行行動。參見中央通訊社：《新聞專題·【六四專題】重返天安門》，網址：〈https://www.cna.com.tw/news/acn/201904155005.aspx〉檢索時間：2020年5月4日。
〔註47〕段彩華：《北歸南回》，頁189～203。
〔註48〕段彩華：《北歸南回》，頁204～216。
〔註49〕段彩華：《北歸南回》，頁217～228。

的每一句話也如對白般倒帶重新撥放著，祖林（祖先的墓塚所在的樹林）刻意地出現，就如同長江大橋般述說著老兵的根之所在。

國軍、八路軍與玉蜀黍的帶入，意指戰亂的離散與對母親的思念，以上的情境正如于思屏對常秀芸說：「人是被時間和空間分開的。」〔註50〕就如故事中提到「十一月七日和十一月八日發生的事，對他的一生來說，是決定命運的日子。」〔註51〕這兩天也就是于思屏因錯過而險些留滯大陸的關鍵。

記憶中一切的場景通通不見了，這是何等失落的感覺，祖林、城牆、壕溝及白皮西瓜瞬間消失在眼簾，是因為共產黨極權獨裁，將中國大陸的所有土地都國有化了，人民的土地被強制剝奪，所以，段彩華在〈夢裡的家園都消失〉這個目次中，是藉以事件來控訴共產黨的暴行。作者更安排有關的對話來表達每位返鄉探親者的心聲如後：「故鄉只留在夢裡！」、「但願是太陽移錯了方位。」、「也希望是手錶指錯了數字。」、「憑記憶去想像，也許更熟悉一些。」接著到本章的結尾于思祥與于思屏兩兄弟的對話：「我不應該回家鄉啊！」「我不應該陪你回家鄉啊！」家鄉，對這些老兵就算返鄉，仍是感到遙遠，像國共內戰這樣的大時代悲劇與傷痕，是不容易被平復的。

在之前有提到返鄉除了與還活著的親人團聚，但已死去的必須要前往墳塋祭拜藉以了去心願，這也是他們此行的目的，掃墓的路程也出現了令人感概的對話，也正代表〈被改變的和被埋葬的〉的無奈如後：「這是沭河嗎？」、「消息傳到流亡學校裡，聽說是被共軍的砲彈震死的。」、「不是砲彈震死的，是國民黨的飛機扔炸彈炸死的。」一件事情總是有幾種說法。

所以，于思屏想，因為在不同的政權統治下，再抬槓也沒用。但嘴裡卻說：「都過去了，都過去了。」上述的對話也是段彩華隱喻海峽兩岸四十年來的分治，親人之間的共識不復繼往，已經如一把利刃劃開了一道再也無法縫合的鴻溝。這樣的現象也從于思屏悵然若失的心情中，冷冷的說出一句話意表對家鄉情懷的迷思，如後：「是吃飽了，我是吃飽了。平常在臺灣想吃家鄉菜，等到回到家鄉，知道一些情形後，家鄉菜反倒吃不下了。你說奇怪不奇怪？」〔註52〕

〔註50〕段彩華：《北歸南回》，頁197。
〔註51〕段彩華：《北歸南回》，頁199。
〔註52〕段彩華：《北歸南回》，頁228。

（十七）〈袋袋留種代代相傳〉〔註53〕

這章節是以于思屏的母親保留種子的意涵，在共產黨的統治之下，土地改革與人民公社的推行，間接的流失許多既有莊稼種子，尤其是在文化大革命強力掃蕩之下，更是雪上加霜，之前香甜可口的蔬果也因為種子的摧毀而絕跡；種子，代表生命之初始，也意謂著延續與傳承，于母為了保留種子曾被紅衛兵扣上帽子被清算鬥爭，但她仍不畏懼依然疼惜糧食種子繼續隱藏，也感動了高幹而被釋放，但回家後卻傻了眼，辛苦累積保存的不同糧食的種子，卻被紅衛兵不是吃掉就是丟棄。

當于思屏知道自己的母親是如何熬過那些時光，還有放置在僅存的醃菜罐子裡不明去處的銀元，讓于思屏在半夜睡夢中清醒，一陣陣的刺痛就如柔腸寸斷，眼淚不禁的將招待所內的枕巾濕透，段彩華在這事件也做了一個令人反思的結論，寫道：「知道真實情況的好？還是不知道真實情況的好？他也分不清，想著想著，不禁惘然了……。」〔註54〕這段書寫正是揭發大陸在文革時期，趕盡殺絕的摧毀滅絕中華傳統文化與固有道德，也就是不但要拔根，還變本加厲杜絕有如種子再生的可能性，所幸中華傳統文化與固有道德的種子已隨著蔣介石來到了臺灣，繼續的萌芽與壯大直到至今。

（十八）〈舊情的反彈〉〔註55〕、（十九）〈南京啟示錄〉〔註56〕、（二十）〈積壓在心底的話〉〔註57〕

邀請親友的宴會正是這本小說進入故事高潮的開始，于氏家族的沒落與失聯，參加親友的人數不如預期，于思屏與于思祥在面對四十年後思念的親人卻不復見的失望，悲從中來只能藉酒精來麻痺自己的感傷，于思祥更藉助酒醉勾起對前妻背叛于家的不滿，並堅持要到東北找前妻理論，在連連的抱怨聲中也打破妻子常秀芸的醋罈並提出離婚的要求，當然在思屏、思泉兩位堂弟的勸說下，于思祥也清醒了才化解這場鬧劇。

在于思泉的引領下一行人到達了徐州市，為了尋訪舊日的痕跡，前段也提到徐州是于思屏轉變一生命運的所在地。在遊覽的情節當中，段彩華提出

〔註53〕段彩華：《北歸南回》，頁229～245。
〔註54〕段彩華：《北歸南回》，頁245。
〔註55〕段彩華：《北歸南回》，頁246～253。
〔註56〕段彩華：《北歸南回》，頁254～262。
〔註57〕段彩華：《北歸南回》，頁263～279。

一個現象，那就是路名變更的聯想，中山路依然如昔而中正路改稱淮海路，暗示國父孫中山在中國共產黨的心目中仍倍受尊重，然先總統蔣中正卻是戰犯的身分且水火不容，而國共內戰三大戰役中的淮海戰役，是奠定共產黨立足於中國的關鍵戰役，不但有紀念的意義更有洩恨的味道，故段彩華也藉助于思屏的感慨寫出了這段話：「從前人怎麼講，現在人怎麼說，將來人怎麼評，都要看世事怎麼演變了。」〔註58〕正如一句俗語可道破：「成者為王、敗者為寇。」

接著一行人坐上了開往南京的火車趕去探望四十年未見于思祥的胞妹，遊歷了南京市幾個名勝古蹟，除了中山陵、明孝陵，也再度緬懷國父將其陵寢紫金山寫入了小說裡，不忘把國父的題字「博愛」與「天下為公」提醒近代的中國人，國家要想和平建國，走向統一富強，其基礎就是建立在「博愛」兩個字上。只可惜事與願違，不難想像國父地下有知是多麼的失望與悲痛。四人遊歷了南京市回到了于思英家，晚餐剛開始時，思英悲從中來放聲大哭，段彩華便解釋了「這哭聲不是故意的，更不是做作的，仿佛沉壓在心底很久很久，像埋在地下的花雕酒那樣，經過幾十年。一旦開了罈蓋兒，便朝外面直瀉，暢暢快快的傾倒出來，迸發出來，是再也忍不住了。」這也是上一代中國人的悲傷，作者則以思英為代表人物，來抒發對離鄉老兵而棄置家中老小不顧的不滿。

于思英想到婚嫁時未能如兒時所見風光的場面而感到委屈，丈夫死忠效命共產黨而積勞成疾，累出肝硬化而病死在醫院。人性，終究是自私的，思英與思泉面對兩位穿著體面的哥哥，在同根生下心中感受固然不是滋味，這也是作者刻意比較分治下的兩岸，生活品質與經濟發展的差異性，在兄妹對談中語帶埋怨與不平，也正是兩岸親人所談論的話題，如同本人到北京探親時，叔叔們與姑姑在閒話家常時也語帶委屈地怪罪父親，隻身到臺棄爺爺、奶奶不顧，且多年來不聞不問，而我也只有緩頰的回覆長輩，其實，這不是家父的錯而是歷史的錯，現在所能做的就是兩岸努力共融，別再繼續錯下去了。

于思祥突然明白了，拿出已準備好的手飾與美金分送兩人，原本應該是皆大歡喜，卻沒想到于思泉計較公平性，而引發了爭執更帶出了于思屏母親去世三天才被發現，戳穿了思泉在醫院照顧的謊言，以及前面讓于思屏淚濕

〔註58〕段彩華：《北歸南回》，頁 254。

枕巾菜罐子銀元去處的真相；段彩華這樣的書寫並非醜化大陸親人，而是告訴讀者因為國共內戰的逃難及共產黨過去的暴政統治，促成大陸生活與經濟蕭條導致民不聊生，也隱含著人在窮困生活下，善良的一面也會被遮蔽，而露出貪婪的心來。故在這樣困苦的生活下，積壓在心底的話自然就洪流般順勢的宣洩出來。

（二十一）〈尋覓照片裡的人〉〔註59〕、（二十二）〈種弟弟孝母親〉〔註60〕、（二十三）〈山城的盟約與心願〉〔註61〕

這本長篇故事的結局就在這三章做了圓滿的交代，于思屏在南京與堂哥于思祥分手後隻身飛到上海與袁火會合，一同飛往在夢中迴繞，渴望一見的山城—重慶，不僅巡禮了對日抗戰之時的陪都，更一覽蔣中正在當時躲避日本飛機轟炸的山洞，同時也參觀了他老人家的官邸所在，在這一小段有關抗戰的描述，也應該是段彩華幼時對抗戰回憶吧。

此行除了圓夢之外，更重要的是帶著方信成所託的信與照片去尋訪他的母親及女朋友，雖然尋找方信成的母親幾經波折，而段彩華也設計了一句耐人尋味的對白如後：「那個大圓圈就是一個零，轉來轉去，還是一個零。圓圈越大，浪費的時間與精力越多，仍然出不了一個零。」〔註62〕雖然有其困難度但憑著照片與方信成寫給母親的信，在皇天不負苦心人下終於被于思屏找到了，總算完成所託付之任務，也讓失散四十多年的女友唐月蓉留下了積壓已久，是世界上最難得的情人的眼淚。

于思屏回到臺北，便盡快地帶著他所照的照片去找方信成，也聊了一下她母親與女友的現況，當然也提到自己返鄉的感觸，這也催促了方信成趕著辦回轉四川的手續，因為「不錯，故鄉大地就是我們的母親。」「臺灣雖然很重要，家鄉有親人盼望我啊！」這是對故鄉情懷的轉移吧。

方信成如願的回鄉並見到了母親與思念多年的女友，母子團圓與戀人重逢的喜悅在情節中已描述的鉅細靡遺，內容中也有趣的以榮民醫院為例提到了政府對榮民的照顧，以及共產黨在內部對人民有關臺灣的宣傳如香蕉皮；在有情人終成眷屬下，方信成與唐月蓉終於在家鄉親友的祝福下，在過農曆

〔註59〕段彩華：《北歸南回》，頁 280～298。
〔註60〕段彩華：《北歸南回》，頁 299～304。
〔註61〕段彩華：《北歸南回》，頁 305～320。
〔註62〕段彩華：《北歸南回》，頁 284。

年前完成等待了四十年的婚姻大事，他們的證婚人正是方信成的主治醫生，這樣巧妙且帶著詼諧的穿插，也證明了段彩華創作的幽默本性。這場婚禮看是簡單莊嚴，在另一對同天同飯店請客演川劇的新人前來敬酒，並表達期盼到臺灣演出的意願下，帶出了一句話，「那就是從現在開始，都是一家人了。」這就是段彩華寫這本長篇小說的願景。

二、研究方法

本論文研究方法方面，運用小說創作理論、精神分析理論、歷史相關文獻，以及田野調查，進行段彩華《北歸南回》分析，說明如下：

（一）小說創作理論的運用

小說，是新舊社會的變遷與時代交替的脈絡。小說的發展在文學界有著承先啟後的功能，因為故事的構思全部為作者所左右；但是作者的靈感除了來自過去社會事件發生的有感，也有繼往開來啟發預言式的寄託而虛構未來事件。最常見的卻是個人的經歷與遭遇因刻骨銘心，且有「提醒」與「實踐」隱喻的暗示。在羅盤《小說創作論》對於小說家所肩負的使命，他認為：

> 如何藉文藝以美化人生是小說家責無旁貸的職責，……對於醜惡的揭發與鞭撻，小說家們自然責無旁貸，而對於善與美的歌頌與闡揚，也是小說家們的另一種職責。小說家一如革命家。革命的工作有二，一者是破壞、一者是建設。當小說家秉春秋之筆已反映黑暗，舉發罪惡時，乃是從事的一種破壞的工作，而小說家握住和平的彩筆來描寫大自然的美麗，歌頌人性的善惡時，便是從事的建設工作。〔註63〕

當故事的主旨被確定後，情節內容的安排與故事人物的設計，必須要吻合整部小說的結構意義與範圍，當然發生的時間點才是結合故事發生的根本。所以，結合小說的要素應有事件、時間、人物及故事人物的性格組合，當然場景的安排也會因歷史事件而格外被矚目。春秋之筆所寫出的善、惡，對讀者是一種省思，一個敏銳與卓越的政治家如果關切小說潮流的去向，在政治理念的改革思變下定有所助益，也就是說有危機意識的作家往往會在小說中發出警訊，其目的在於防範未然，及時導正的勸諫。

人物，是小說的靈魂也是牽引小說內容起伏的重要關鍵，因為小說家可

〔註63〕羅盤：《小說創作論》（臺北：東大圖書股份有限公司，1980年2月），頁58、59。

藉人物的視角，而作為敘事的依據與目的，在劉世劍的《小說概論》就提到：

> 人物是小說整個形象體系的核心。……小說中的一切細節、場面、
> 故事、背景、氣氛、情緒、意念，都無法游離人物而孤立存在。人
> 物是文學作品，也是小說主體形象，是小說思想和結構的中心。人
> 物支撐著小說的一切「部件」，形成一個有機的藝術整體，一個美的
> 藝術世界。〔註64〕

就像戲劇一樣，一本小說就是一個劇場，小說在翻頁就如同演員移動在劇幕中。人物的安排，注重於情節的波動與變化，故角色所設定的性格更要深思熟慮。因為小說是一連串的敘事所連接而成的，一部小說要讓人膾炙人口，作者就必須細膩的設計小說中每一個人物性格的特徵與不同，才能營造出小說非凡的價值觀。

　　人與人之間的互動，往往因雙方性格的差異，而創造出社交與應對的模式，既而發展出人類的社會行為，也就是人際關係；在小說裡的故事也是一樣要有才能從開始到結局，也為讀者畫下句點而有所交代，劉再復的《性格組合論》中說：

> 小說家把自己的智慧放在人物形象的塑造上，把人物性格的發展作
> 為情節發展的基本動力，原來人物為故事服務的地位被顛倒過來，
> 故事變成為塑造人物性格服務的手段，變成了性格的載體。到了這
> 時，一部作品的情節，在某中意義上甚至可以說是主要人物的性格
> 發展史。作品的藝術價值，主要表現在人物性格的塑造是否成功，
> 故事情節發展退居次要地位。〔註65〕

由上述可印證，人物才是小說的主軸，因為有人物才有故事，段彩華的《北歸南回》這部長篇小說中，外省老兵是故事的主要對象，而親人在故事中的應對則是加重觸動他們情緒反應的刻意安排，也是藉助親人的表現帶出老兵思鄉情切與內心壓抑的表露。

　　本論文第四章「《北歸南回》的老兵形象與身分認同」，探討段彩華如何刻劃出臺灣老兵忠貞愛國的典型形象，從中可見參與 1949 年國共內戰，隨國民政府轉進而被滯留臺灣的軍人，不得已在臺灣落地生根直到凋零的心境。

〔註64〕劉世劍：《小說概論》（高雄：麗文文化事業股份有限公司，1994 年 11 月），
　　　　頁 64。
〔註65〕劉再復：《性格組合論》，頁 24。

第五章「《北歸南回》的寫作手法」，將分析這部小說的人物心理、時空敘事、意象運用等創作特色。段彩華在他七十歲的高齡完成這部小說，藉助小說人物釐清家鄉何處與身分認同的思考，本論文藉助羅盤《小說創作論》、劉世劍《小說概論》、劉再復《性格組合論》等創作論述，來闡析這部小說在敘事手法上的著力點，然重點則置於他們最終改變認同的心路歷程。除此，小說敘事本質與視角運用的認知，也參考胡亞敏的《敘事學》，作為情節發展脈絡的解讀依據。

（二）精神分析理論的援引

精神分析理論的援引，有助分析本論文第四、五章的老兵形象及心理創傷。《北歸南回》的敘事內容，一開始就安排焦躁不安的老兵與醫師爭辯的場景，進而拉開故事的序幕。接著以人物出現的順序及視角的交錯，用夢境顯現老兵的壓抑。也藉電視劇的演出，勾起老兵參加韓戰的不堪回憶，而變得焦慮與恐懼。上述這幾位老兵所呈現出來的心理反應，代表著內心的陰霾隨著他們終老而揮之不去；家鄉與戰爭的意象，對親身經歷受盡滄桑的老兵，無疑烙印在他們的痕跡是一種傷痛。這是一種無法癒合的精神創傷，積壓成疾而造成精神狀態的不穩定，因歷史悲劇而造成外省老兵一輩子心理不安，過度的壓抑因觸點的掀起而產生破口，以致在精神上的表現偶而會出現不穩定的暴衝。

針對老兵的心理反應與精神狀態，本論文將以 Jane Milton 等著、施琪嘉、曾奇峰翻譯的《精神分析導論》〔註66〕，佛洛伊德（Sigmund Freud）著、楊韶剛翻譯的《佛洛伊德之精神分析論》〔註67〕，佛洛伊德著、孫名之翻譯的《夢的解析》〔註68〕等書為依據，藉以剖析《北歸南回》中老兵的戰爭創傷與思鄉鬱結。

（三）歷史文獻的參考

歷史，是由時間所堆疊而成的。一部歷史小說的建構，內容中所有事件

〔註66〕Jane Milton 等著，施琪嘉、曾奇峰譯：《精神分析導論》（臺北：五南圖書出版股份有限公司，2007 年 2 月）。

〔註67〕佛洛伊德（Sigmund Freud）著，楊韶剛譯：《佛洛伊德之精神分析論》（新北市：百善書房，2004 年 4 月）。

〔註68〕西格蒙德‧佛洛伊德（Sigmund Freud）著、孫名之翻譯：《夢的解析》（臺北：貓頭鷹出版社，2000 年 9 月）。

的發生，是小說家藉助史料記載而虛擬的情節，所以背景設定絕對不可空穴來風而捏造事實。基於上述原則，隨著《北歸南回》中的歷史背景敘事，如韓戰、文化大革命、天安門事件及開放大陸探親等，為了佐證小說事件發生的背景資料，遂以費正清（John King Fairbank）、羅德里克‧麥克法夸爾（Roderick Mac Farquhar）主編、王建朗等翻譯的《劍橋中華人民共和國史》〔註69〕，陳鑑波的《中華民國春秋》〔註70〕，李守孔的《中國現代史》，楊曉娟、趙英麗合編的《中國近代史綱要》〔註71〕為參考依據。另在小說中也有提到行政區的重劃，以及藉種子的收藏隱喻人與土地的關係及傳承的意涵，亦參考何金鑄的《人文地理學》〔註72〕，將人與地的緊密關係進行詮釋。

（四）田野調查的佐證

　　《北歸南回》小說中主角的身分是外省老兵，藉由他們大陸返鄉探親的所見所聞，匯集而成這部令人感動且感慨的小說。因段彩華已離開人世近五年了，訪談作家的構想無法實踐，為了讓讀者更加了解小說中人物與敘事的關係，遂參考彭嬌英〈段彩華長篇小說研究〉中採訪段彩華的提問，以變通方式採訪具有同樣身分與經歷的榮民老伯伯，藉此了解臺灣老兵真實的心聲。

　　此次訪談對象是1949年國民政府因國共內戰失利，退守臺灣前從軍並參與戰事的老兵榮民。期能藉此了解此時此地心思的轉圜變化，除回顧過往外，並充分表達返鄉後對於家鄉的看法。研究者透過同時間入伍的陸軍官校同學李孟保先生，請他出面代為聯絡任職於屏東榮民之家的王少谷主任。訪談時間是2019年8月29日，訪談地點在屏東縣內埔鄉建興村100號的屏東榮譽國民之家。當天訪談四位1949年隨軍來臺的老兵，其中三位是軍人退伍，含一位越過鴨綠江參加過韓戰的反共義士。另有一位身分雖然不是軍人，但服務於上海兵工廠，屬軍中聘僱人員，因生產製造屬機敏品項，也集體隨軍來臺，繼續從事既有工作，退休後亦屬榮民身分，並申請就養。

　　本次訪談題目如下：（訪談紀錄，請見附錄二：屏東榮譽國民之家就養老

〔註69〕費正清（John King Fairbank）、羅德里克‧麥克法夸爾（Roderick Mac Farquhar）主編，王建朗等譯：《劍橋中華人民共和國史》（上海：上海人民出版社，1990年6月）。

〔註70〕陳鑑波：《中華民國春秋》（新北市：三民書局股份有限公司，1989年3月）。

〔註71〕楊曉娟、趙英麗合編：《中國近代史綱要》（北京：高等教育出版社，2018年4月）。

〔註72〕何金鑄：《人文地理學》，（臺北市：自印，1987年10月）。

兵訪談紀錄）

一、請談談您當年撤退來臺的經過？

二、部隊到了臺灣之後，請說明您當年的處境為何？

三、您來臺之後是否有穩定的職業與生活，請問是否有結婚？

四、政府開放探親後，您有回老家嗎？回去過幾次？

五、在臺灣生活將近 60 年，經歷幾次探親後，請問您有重新思考過何處才是家鄉嗎？

　　國共戰爭歷史的真實性是要靠過往當事人的引述方能佐證，段彩華就是見證者之一，綜觀他的小說故事架構展開脈絡，正是這個大時代的寫實紀錄。雖然在他的小說可找出事件的原委，但是透過訪談中老兵的口述，更能多加了解不同老兵對返鄉後的看法。

第二章　段彩華的生平與創作

　　作家的筆墨與思維，並非空穴來風或神來之筆，隨意瀟灑表露於字裡行間；在見微知著的書寫內容中，必定與作者身處的時代或社會環境密切相關，姚一葦在《藝術的奧秘‧論批評》曾言：

> 以一個時代或社會的特徵來分析個別藝術家或藝術品……這一類研究方式是二重的；一方面通過社會學的方法來了解藝術家的表現，另一方面把藝術家作為一面鏡子，通過這面鏡子來了解其所處的時代與社會。〔註1〕

從以上引言觀之，所有的藝術品都在特定的時代與社會中產生，創作者當然取決於社會現有的材料，所以藝術品是社會發展的重要指標，且具社會發展的元素。段彩華，1933 年 2 月 12 日生於江蘇宿遷縣新安鎮，2015 年 1 月 13 日辭世，享年 82 歲。因父親好藏書與習武，家族熱愛戲曲，加之大伯父段貴和為戲園子老闆，自幼便好讀書與看戲，成為往後影響其創作風格重要的因素。〔註2〕段彩華同其他作家一樣，開始創作時都以自己的家鄉、最早的記憶寫起，在短篇小說〈門框〉就是描寫他祖母的故事，也藉故事的陳述透露出他的家世。〔註3〕他畢生經歷對日抗戰與國共內戰，在烽火連年、四處流離的

〔註1〕姚一葦：《藝術的奧秘‧論批評》（臺北：臺灣開明書店，1968 年 2 月），頁361～362。

〔註2〕張恆豪：《臺灣當代作家研究資料彙編‧86‧段彩華》（臺北：國立臺灣文學館，2016 年 12 月），頁 57。

〔註3〕余昱瑩：〈展現文學大家之風範〉，參見張恆豪：《臺灣當代作家研究資料彙編‧86‧段彩華》，頁 183。

時代陰影下，被迫遠離家鄉，與親人離散，其作品有如反映中國近代史的一面鏡子。

日本於 1931 年 9 月 18 日，發動「九一八事變」〔註4〕，在 100 天內佔領整個中國東北地區，之後便對中國大陸展開搶攻掠奪侵華行為，當時國民政府正全力剿匪之際，在「攘外必先安內」的軍事戰略的指導方針下，直至 1937 年國民政府才正式對日宣戰，中日戰爭全面展開。對日抗戰是民族生存之戰，在八年的浴血奮戰終於得到了勝利，但國家來不及休養生息，國共內戰接踵而至。蔣介石的軍隊在共軍勢如破竹的攻勢下，相繼於遼瀋、平津及徐蚌國共三大會戰中節節失守，大好江山一步步被赤化淪為鐵幕，老百姓為避戰火蔓延，被迫逃難，過著顛沛流離的生活。段彩華切身經歷對日抗戰與國共內戰的時代背景，從中萃取創作素材，再現中國近代史的集體記憶。本章重點在於探析段彩華的生平大要與小說創作，期待藉此了解其文學蘊育的過程，以及其整體小說的題材內容與風格形成。

第一節　段彩華的生平大要

所謂文學反映人生，綜觀歷史的過往，戰爭是人類最大的浩劫，歷代文人多有以詩詞來表述戰場的腥風血雨，以及戰後的家破人亡。段彩華以文學作為生命信仰，孜孜矻矻地勾勒歷史的烽火硝煙，人們的悲歡離合，寫實色彩濃厚。他在《野棉花·自序》裡表示：

> 遠自十七歲，便獻身文學創作的我，慘淡的心營意造，至今已有三十六年了。在這漫長的歲月中，我坐車也寫，坐船也寫，倦極也寫，受傷也寫，害病也寫，甚至在夢中也能得到文章中的情境。整個算起來，發表的小說、散文、詩和劇本，至少在一千萬言以上。〔註5〕

從上可知，自十七歲起即獻身創作的段彩華，堅定地走在文學道路上，鑄造

〔註4〕1931 年 9 月 18 日晚間，盤踞在我國東北的日本關東軍按照事先的預謀策劃，由鐵道「守備隊」炸燬陽柳條湖附近的南滿鐵路路軌，並嫁禍於中國軍隊。日軍並以此為藉口，悍然向駐守在瀋陽北大營的國軍部隊發動進攻，更在幾天之內侵佔遼寧、吉林、黑龍江、錦州、哈爾濱等二十幾座東北主要城市。這就是震驚中外的「九一八事變」。參見李守孔：《中國現代史》（臺北：三民書局股份有限公司，1983 年 9 月），頁 97～100。

〔註5〕段彩華：《野棉花·自序》（臺北：爾雅出版社有限公司，1986 年 12 月），頁 1。

時代與社會的鏡子，終生努力不懈。丘秀芷在〈段彩華的「陽春白雪」〉中，曾敘及他的筆法早已突破傳統，尤其是在意境上昇華成一種藝術之美，句子穩當，用語平實，意念深切，具新穎活鮮的風格。〔註6〕

　　本節回顧段彩華的生平，主要探究其與文學結下不解之緣的歷程，依序就「文學啟蒙」、「軍中作家」、「文學活動」說明之。

一、文學啟蒙

　　段彩華在讀私塾期間，就熟悉《三字經》、《百家姓》、《論語》、《孟子》等經典並能朗朗上口，加上父母對古典小說的偏好，以及熱愛戲曲，在這樣家庭環境的薰陶下，蘊育了段彩華日後對藝文的興趣。

　　對日抗戰八年，段彩華正是由幼兒到青少年的成長階段，因為家族對戲曲的熱愛，耳濡目染，幼稚園已能背誦戲文和鑼鼓點子，半生半熟的唱出幾句，他在自傳《我當幼年兵‧戲迷世家》就提到：

> 我常靠在祖母的懷裡，聽金少山在留聲機裡唱「打龍炮」，馬連良唱「南天門」，梅蘭芳唱「三娘教子」……唱片一張一張的換，鑼鼓咚咚的響著。我們全家最熱愛的一張唱片，是坤角老生路蘭春唱的「轅門斬子」。大伯父、大伯母、父親、母親、四嬸、哥哥。誰都能整段唱完，連帶的影響我，也能半生半熟的唱幾句，我幼稚園教育有一半是背誦戲文和鑼鼓點子。〔註7〕

由於他出身於戲迷之家，在四歲就接觸國劇，深受戲曲的薰陶。又因全家人都愛看戲，家中索性就開了家戲院，不但節約全家戲票的開銷，對於家庭生計也不無小補。因此，他對於戲班裡種種的生活百態亦有所了解，在短篇小說集《野棉花‧野棉花》〔註8〕中就描述了一個戲班子的故事，終年飄泊，有如遊牧民族四處為家。基於對國劇的濃厚興趣，曾應允行政院文建會的邀請，著有《國劇故事第三集》〔註9〕，協助政府積極振興與推展國劇。

〔註6〕參見丘秀芷：〈段彩華的「陽春白雪」〉，張恆豪：《臺灣當代作家研究資料彙編‧86‧段彩華》，頁142。

〔註7〕段彩華：《我當幼年兵‧戲迷世家》（臺北：彩虹出版社，2003年3月），頁280。

〔註8〕段彩華：《野棉花‧野棉花》（臺北：爾雅出版社有限公司，1986年12月），頁85～115。

〔註9〕段彩華：《國劇故事第三集》（臺北：行政院文化建設委員會，1992年7月）。

段彩華〈筆墨風霜三十年〉中，曾自述在就讀小學五年級時，向同學借閱謝冰心的《往事》，從此便和文藝結下了不解之緣：

> 在讀小學五年級時，老師規定要寫大字，我是一個只帶毛筆不帶硯臺黑墨的學生，把紙鋪好後，總是用筆沾鄰近同學磨好的墨。一天，當我轉過身向後面一位同學的硯臺裡沾墨時，看見桌子上擺著一本書，那就是謝冰心的《往事》。我停止寫字，把書拿起來看，那位姓陳的同學願意借給我拿回家閱讀。就從這本書開始，我便和文藝結下了不解之緣。〔註10〕

《往事》〔註11〕為冰心散文集，精選冰心在各個不同時期的創作，內容涉及童年往事、故鄉親情，串聯起生活感悟、親情友愛、人生智慧和璀璨童心。這樣的寫作題材啟發了段彩華文藝創作的根基，他的作品就是依循這樣的模式，寫出了讓人膾炙人口的經典小說。

1946 年國共內戰爆發，段彩華剛滿 13 歲，農曆年才過不久家鄉已被共軍佔領，母親要他逃往徐州投奔大伯父。安全抵達徐州大伯父家後，就讀徐州建國中學，期間有作文〈賈汪遠足記〉，深獲恩師徐俊濤的讚賞：

> 我所以走上寫作這條路，一開始是我讀初中的時候，也就是我在大陸徐州建國中學讀書的時候，初中二年級的徐俊濤老師給我的指導有很大的影響。他在評我寫的一首詩時，給我下了這樣的評語，他說這首詩有魯迅的深刻，有朱湘的蘊藉，有冰心的平淡無奇。……另外我寫了一篇散文叫〈賈汪遠足記〉。這篇散文，徐老師的評語是：郁達夫先生寫的《屐痕處處》是一部很有名的遊記，如果郁達夫先生看到彩華先生這篇〈賈汪遠足記〉，也會深嘆不如。〔註12〕

任何人在求學階段，老師的嘉勉總是帶有被激勵的作用，如果有機會得到老師的加持，個人的特點更會藉以而發揮到極致，段彩華就是這樣於一年後完成了第一篇短篇小說，可惜該小說題名與內容現已散佚。1948 年夏天，段彩華繼續就讀徐州市立中學高中部，11 月因戰亂便隨山東省第三聯合中學流浪，爾後陸續遷至湖南衡山縣、霞流市、李家大屋居住。深受師長的鼓勵，這段

〔註10〕段彩華：〈筆墨風霜三十年〉，張恆豪：《臺灣當代作家研究資料彙編・86・段彩華》，頁 121。

〔註11〕冰心（謝婉瑩）：《往事》（武漢：長江文藝出版社，2018 年 10 月）。

〔註12〕張志樺整理：〈鄉土與現代之間段彩華創作五十年〉，張恆豪：《臺灣當代作家研究資料彙編・86・段彩華》，頁 168。

動盪遷徙的歲月仍然不斷投稿：

> 北方在打仗，南方卻毫無戰爭氣息。同學們覺得袖手曬太陽沒意思，
> 商量著辦壁報。我的年齡沒有他們大，發表的文章卻比他們多，窮
> 得口淡老想吃肉，就向長沙的一家報紙投稿，想換點稿費吃肉。結
> 果文章刊出來了，卻沒有稿費，在夢中吃了三次肉，居然還吃壞了
> 肚子害了一場病。〔註13〕

國共內戰期間，在兵荒馬亂的局勢裏老百姓顛沛流離，逃難潮蜂擁而至，整
個國家在面臨分崩瓦解，雪上加霜的是整個金融體系被摧毀而支離破碎，老
百姓當然更是民不聊生，在這大時代的悲劇中，段彩華也只不過是個路人甲
的演員，但卻是一個戰火下的僥倖存活的受害者之一。

　　當時的段彩華已是青少年了，戰亂不得不使他告別即將被共產黨佔領的
家鄉，不得不隨著國軍轉進來臺。段彩華從離家躲避共產黨的迫害開始，曾
經歷一個老百姓窮到不得已要賣兒賣女，才能換取藥物、食物的年代。從 17
歲來臺的第二年，以一本中篇小說《幕後》開始記錄共產黨的惡行與竊據大
陸的史實，以及他逃難的驚險過程。之後陸續再以近三十部長、中、短篇小
說與傳記，寫下了珍貴且真實的中國近代史。

二、軍中作家

　　段彩華的軍旅生涯共有 13 年，自 1949 年於長沙從軍至 1962 年秋服役期
滿，少尉職退伍，結束軍旅生涯，專事寫作。〔註14〕，當初決定從軍，完全
是為了能安身保命；但從他的自述中得知，先從陸軍《精忠報》〔註15〕的投
稿開始，以筆名「小華」〔註16〕經常發表他的小品文章。軍中報紙的發行主
旨在於報導部隊各單位的事蹟外，還利用這樣的媒體宣導各項政令，其中也
有「文藝副刊」版面，以提供有文學寫作天分的軍中人士一個發表平臺。段

〔註13〕段彩華：〈筆墨風霜三十年〉，張恆豪：《臺灣當代作家研究資料彙編・86・段
　　　　彩華》，頁 122。

〔註14〕〈文學年表〉，參見張恆豪：《臺灣當代作家研究資料彙編・86・段彩華》，頁
　　　　58、63。

〔註15〕陸軍訓練司令部主辦之《精忠報》於 1948 年 2 月 22 日在臺灣高雄縣鳳山鎮
　　　　創刊。參見於馬全忠：《中華民國百年紀事》（臺北：聯經出版公司，2011 年
　　　　6 月），頁 218。

〔註16〕段彩華：〈筆墨風霜三十年〉，張恆豪：《臺灣當代作家研究資料彙編・86・段
　　　　彩華》，頁 123。

彩華藉此平臺，開始了軍中寫作的生涯。

　　段彩華於 1949 年跟著堂兄段彩祥和同學們從軍於長沙，隨即來臺，因年齡只有 16 歲，被調往幼年兵連，於臺南市第二中等學校受訓。1950 年 8 月段彩華在〈我的第二家園〉寫道：

> 1949 年，也就是民國 38 年五月裡，我，一個十六歲的青少年，告別那些攜帶我一起從軍的大哥哥們，流著眼淚離開旭町營房，跟隨帶隊的班長和二十多位年齡差不多的同學，一路賞聽著蟬聲和鳥叫，看著路旁擺在地上賣的香瓜，走進第二中學大門。〔註17〕

　　段彩華回憶臺南受訓之時，因生活步調驟變而產生極大的精神壓力，導致受訓期間罹患心臟疾病，且嚴重到送院治療。文中又提及：「我害心臟病，是歸因於臺南第二中學的那一段幼年兵的緊張生活。」〔註18〕但病魔並沒有擊垮他，反而自我激勵，抱著「只要一天有呼吸，我就盡量找快樂」〔註19〕的樂觀想法。因生病而身體虛弱的段彩華，常受同儕的恥笑與排擠，所幸當時的排長李華甫給予安撫與鼓勵：

> 「人到了這個年齡，也許是十八歲，也許是十九歲，都會有一種無所適從的感覺。做這個也發愁，做那個也嫌麻煩，一個人獨處的時候，更會感到一陣陣的憂傷，彷彿什麼都不對勁兒，你知道為什麼嗎？」
>
> 「不知道。」
>
> 「你有這樣感覺嗎？」
>
> 「是的，排長，我天天都有這種感覺。」
>
> 「出操打野外，已不能吸引你了，更不能滿足你了；要想打破這種憂愁和悲傷，只有一個辦法。」
>
> 「什麼辦法？」
>
> 「就是立一個志向，決定自己這一生該做什麼事；想盡方法把它做好，在做的過程中，永不後悔，你就會從憂愁中解脫出來了。」〔註20〕

排長李華甫為被孤立的段彩華帶來正向能量，也送給他一把開啟寫作人生的鑰匙，他更回想起恩師徐俊濤對他的教導與提點，於是更確定了日後從事寫

〔註17〕段彩華：《我當幼年兵‧我的第二家園》，頁 7。

〔註18〕段彩華：《我當幼年兵‧我的第二家園》，頁 20。

〔註19〕段彩華：《我當幼年兵‧我的第二家園》，頁 21。

〔註20〕段彩華：《我當幼年兵‧我的第二家園》，頁 80、81。

作的志願。他自我激勵著：「別人是用體力來當兵，自己必須用腦子來當兵」
〔註 21〕，文藝創作的堅定志向，不僅成為段彩華軍中生活的重心，也成為安
穩心情的憑藉，填補精神的空虛。他在〈筆墨風霜三十年〉自述說：

> 隨著年齡的增長，出操上課和遊玩，已不能填補我精神的空虛，常
> 常會有一種困惑苦惱著我，那就是一個人需要立志的時候。我的抱
> 負很小，過去是寫著玩的，現在就決心獻身文學創作，在有生之年
> 能做多少就做多少吧。這個志向立定後，徬徨無主的時光果然減少
> 了，空虛也消失。不管在哪裡，我把大部分的閒暇時間用在寫稿上，
> 在無人指導下，寫了又撕，撕了又寫。〔註 22〕

當段彩華自覺文學已成為最大的精神支柱時，他便決心獻身文字創作，只要
有空便投入寫作的殿堂；在軍中自學的環境下，苦心經營、鍛鍊筆力，所以
其文學成就絕非偶然。

　　1953 年冬天，幼年兵總隊解散，軍中徵求小兵們要參加那些兵種；段彩
華因為心臟病二尖瓣閉鎖不全的隱憂，無法成為遨遊大海的海軍，於是就很
自然的填寫要到「精忠報社」。服務於「精忠報社」，讓他能更專心投入寫作
興趣，從最簡單的校稿開始，也要採訪軍中新聞，所以，他認為：「這是一個
適合讀書和寫作的環境。」〔註 23〕

　　段彩華在軍中生涯中，在一個機緣之下認識筆名「薇薇夫人」的樂茝軍
（1932～）〔註 24〕，從她那兒借到了許多世界文學名著，藉著閱讀吸收世界
文學作品的精髓，厚實文學養分，也促成「攀登文學巔峰的機緣」〔註 25〕。
有了積學儲寶的奠基，他就更有自信邁向寫作的道路，並進一步躍昇成為軍
中作家。

〔註 21〕〈文學年表〉，參見張恆豪編：《臺灣當代作家研究資料彙編・86・段彩華》，
　　　　頁 58。
〔註 22〕段彩華：〈筆墨風霜三十年〉，張恆豪編：《臺灣當代作家研究資料彙編・86・
　　　　段彩華》，頁 123。
〔註 23〕段彩華：〈筆墨風霜三十年〉，張恆豪編：《臺灣當代作家研究資料彙編・86・
　　　　段彩華》，頁 125。
〔註 24〕薇薇夫人，安徽含山人，於 1949 前後年來臺，中國新聞專科學校畢業。創作
　　　　文類以散文為主，現為自由創作者。參見臺灣國立文學館：《臺灣文學期刊目
　　　　錄資料庫》，網址：〈http://www3.nmtl.gov.tw/Writer2/writer_detail.php?id=24
　　　　56#〉，檢索時間：2020 年 3 月 27 日。
〔註 25〕段彩華：《我當幼年兵・我的第二家園》（臺北：彩虹出版社，2003 年 3 月），
　　　　頁 93。

更值得一提的是，段彩華在鳳山服役時結識了司馬中原（1933～）〔註26〕，他們分發在同一個單位「陸軍入伍生總隊」，而朱西甯（1927～1998）〔註27〕則是在前單位解散後調派至《精忠報》所結識的，因此在文學筆耕方面互相切磋，這三位軍中作家在當時被譽為「鳳山三傑」〔註28〕。段彩華在〈筆墨風霜三十年〉中，提到三人因住同營區而熟識的經過：

> 在精忠報社報到後，次年3月便被調到鳳山發行部工作，住在灣子頭營房。碰巧司馬中原也是住在這營區裡，朱西甯則住在軍校營房，見面很方便，有了一些愛好相同的朋友。〔註29〕

後來他們在文壇齊名為「軍中三劍客」或「軍中三傑」〔註30〕，這三劍客雖然以軍中作家起步進而躋身於臺灣文學界，但段彩華的寫作風格卻與他們迥然不同。朱西甯的作品發表以小說為主，兼及散文，結合現代主義的技巧來探討現代人的生存真諦；至於司馬中原小說則傾向史詩性、純抒情和鄉野傳奇。反觀段彩華乃擅長寫自己的經歷，尤其喜歡寫扭曲的心靈故事，探索內心世界的另一層風景。〔註31〕

在軍中段彩華也有緣認識張道藩（1897～1968），透過他的指點，更了解小說現代化技巧的運用，關於這段機緣他在受訪時曾提到：

> 我的作品所以走向現代化，第一個是受了張道藩前輩的影響。……他說他自己不了解寡婦到底受過多少磨難，守寡是很苦的一件事，而他因為不了解，所以一直不敢去寫。雖然當時他是對很多作家們

〔註26〕司馬中原，本名吳延玫，江蘇淮陰人，由於戰爭的關係，在十五歲時便從軍報國，並沒有受正規的學校教育，一切皆靠自學自修而得。創作文類以小說為主，兼有散文、傳記，1962年自軍中退役後專事寫作迄今。參見臺灣國立文學館：《臺灣文學期刊目錄資料庫》，網址：〈http://www3.nmtl.gov.tw/Writer2/writer_detail.php?id=236〉，檢索時間：2020年3月27日。

〔註27〕朱西甯，本名朱青海，山東臨朐人，杭州藝術專科學校肄業，後投筆從戎，曾任黎明文化公司總編輯，中國文化大學中文系兼任教授。創作文類以小說為主，兼及散文。妻劉慕沙為日本文學翻譯名家，女朱天文、朱天心為當代重要小說家，女婿謝材俊（唐諾）亦為臺灣推理文學作家。參見臺灣國立文學館：《臺灣文學期刊目錄資料庫》，網址：〈http://www3.nmtl.gov.tw/Writer2/writer_detail.php?id=311〉，檢索時間：2020年3月27日。

〔註28〕張恆豪編：《臺灣當代作家研究資料彙編·86·段彩華》，頁124、125。

〔註29〕張恆豪編：《臺灣當代作家研究資料彙編·86·段彩華》，頁124、125。

〔註30〕張恆豪編：《臺灣當代作家研究資料彙編·86·段彩華》，頁115。

〔註31〕張恆豪編：《臺灣當代作家研究資料彙編·86·段彩華》，頁231。

聊天，但我卻直接感覺這是再指示我……所以我一面吸取軍中生活，一面磨練自己的技巧。〔註32〕

一部受歡迎的小說，是要有生動的故事情節及人物塑造，張道藩以描寫寡婦內心世界為例，就可知小說生活化是一種藝術的延展，後來在段彩華的小說中便有了這樣的元素。另外，因為段彩華生長在戲劇世家，作品中也不難發覺他的筆法隱約帶出戲劇的效果，這就是段彩華與眾不同之處。

三、文學活動

　　1959 年秋，段彩華晉升少尉，調往陸軍總部副官處書刊中心，擔任書庫管理員。職至 1962 年秋，服役期滿，自少尉職退伍，結束軍旅生涯，專事寫作並參與各文藝活動的座談會。

　　在段彩華立定志向寫作的隔年，即 1951 年，分別以詩作〈趕路〉〔註33〕、〈你，戰火裡的廢鐵——給頹唐的青年朋友〉〔註34〕發表於《自由青年》〔註35〕。同年 8 月於高雄鳳山完成來臺後的處女作：中篇小說〈幕後〉〔註36〕，10 月以本名段彩華發表於張道藩擔任發行人的《文藝創作》〔註37〕，隨後《幕後》交由臺北文藝創作出版社出版，被獲選為「中華民國國軍第二屆克難英雄」〔註38〕。1953 年，段彩華調派高雄鳳山陸軍總部《精忠報》發行部，並在 3 月正式擔任

〔註32〕張恆豪編：《臺灣當代作家研究資料彙編・86・段彩華》，頁 174。

〔註33〕段彩華：〈趕路〉，參見臺灣國立文學館：《臺灣文學期刊目錄資料庫》，網址：〈http://dhtlj.nmtl.gov.tw/opencms/journal/Journal062/Volume0042/Article0028.html〉，檢索時間：2020 年 3 月 28 日。

〔註34〕段彩華：〈你，戰火裡的廢鐵——給頹唐的青年朋友〉。參見臺灣國立文學館：《臺灣文學期刊目錄資料庫》，網址：〈http://dhtlj.nmtl.gov.tw/opencms/journal/Journal062/Volume0045/Article0026.html〉，檢索時間：2020 年 3 月 28 日。

〔註35〕《自由青年》，發行人：倪文亞，創刊時間：1950 年 5 月 10 日，停刊時間：1991 年 6 月 15 日，臺北：自由青年旬刊社。參見臺灣國立文學館：《臺灣文學期刊目錄資料庫》，網址：〈http://dhtlj.nmtl.gov.tw/opencms/journal/Journal062/index.html〉，檢索時間：2020 年 2 日 13。

〔註36〕段彩華：〈幕後〉。參見臺灣國立文學館：《臺灣文學期刊目錄資料庫》，網址：〈http://dhtlj.nmtl.gov.tw/opencms/journal/Journal067/Volume0006/index.htm〉，檢索時間：2020 年 3 月 28 日。

〔註37〕《文藝創作》，創刊時間：1951 年 5 月 4 日，停刊時間：1956 年 12 月 1 日，臺北：中華文藝獎金委員會文藝創作出版社。參見臺灣國立文學館：《臺灣文學期刊目錄資料庫》，網址：〈http://dhtlj.nmtl.gov.tw/opencms/journal/Journal067/index.html〉，檢索時間：2020 年 2 月 13 日。

〔註38〕張恆豪編：《臺灣當代作家研究資料彙編・86・段彩華》，頁 59。

校對、採訪記者。這樣的工作經驗，對段彩華的寫作有何助益呢？他在〈筆墨風霜三十年〉裡曾言：

> 我的工作很簡單，負責校對整理報紙，有時也會出去採訪軍中新聞，心中很高興，這是一個適合讀書和練習寫作的環境，小時便立下一個心願，除了公務與要事，三年不出營房！……以創作的樂趣來說，寫作兩個外祖母的墳地那個短篇小說時最快樂，記得是晚上十點多鐘開始動筆，寫到半夜一點多鐘，突然豁然開朗，智慧的門開啟了，從黑暗走向光明，以前壓在我心靈上的負擔，沒有了，過去我都是摸索著寫的，從這邊東西寫到一半時，我知道寫作的方法了。〔註39〕

段彩華自述創作的樂趣，開啟了他的智慧，生命從黑暗走向光明，充分達到精神療癒的效果。他的成長過程正逢抗日及國共戰爭，飽受戰亂的苦難，然而他通過一層層的試煉，成功開創自己存在的價值。姜穆在〈段彩華的營構〉中說：「他的成長過程，是在中國劫難中，回顧他的來路滿是荊棘，而且留有他斑斑的血跡。」〔註40〕段彩華的文學成就，正是他秉持努力不懈的堅毅精神，一步一腳印爬過坎坷難行的滄桑路所致。

（一）文學職務

段彩華一生對文學的推展不遺餘力，他曾在各文藝協會擔任推手，也在《幼獅文藝》、《國是評論》及《中華戰略學刊》擔任編輯工作，在這段期間陸續受聘擔任有關文藝創作講師，為培育後起寫作人才盡己心力。茲將其曾擔任的文學職務，依時間先後列表如下：

表 2-1：段彩華擔任的文學職務

項　次	經　歷	到職時間	備　註
01	中國青年寫作協會第 18 屆總幹事	1974 年 09 月	
02	《幼獅文藝》編輯	1974 年 11 月	第 251～265 期
03	復興文藝營曹雪芹組講師	1975 年 06 月	青年救國團
04	大專及中小學老師文藝營指導老師	1975 年 07 月	新竹清華大學
05	文藝創作研究班講座講師	1976 年 04 月	青年救國團

〔註39〕張恆豪編：《臺灣當代作家研究資料彙編‧86‧段彩華》，頁 125。
〔註40〕張恆豪編：《臺灣當代作家研究資料彙編‧86‧段彩華》，頁 216。

06	文藝創作研究班講座講師	1977 年 01 月	青年救國團
07	復興文藝營曹雪芹組講師	1978 年 07 月	青年救國團
08	高雄學苑「青年文藝座談會」	1979 年 06 月	青年救國團
09	中國青年寫作協會祕書	1980 年 04 月	
10	文藝營講座講師	1980 年 07 月	青年救國團
11	主編《幼獅文藝》	1981 年 05 月	第 328～445 期
12	復興文藝營曹雪芹組講師	1983 年 08 月	青年救國團
13	中國青年寫作協會常務理事	1989 年	
14	自《幼獅文藝》榮退	1991 年 01 月	
15	原任《國是評論》總編輯	1994 年	蔣緯國介紹
16	轉任《中華戰略學刊》總編輯	1994～1988 年	蔣緯國介紹

（研究者製表）

（二）文藝活動

　　段彩華致力於文學創作與推廣，或許是個性所致，讓他一路走來更顯低調，其創作出版並無刻意的宣傳，雖然默默的寫作，但對於文學推展卻不落人後。除了擔任與文學有關的重要職務外，他更能走入群眾去宣揚文學的要義與個人創作的心境，積極參與文學作家之間的對話，向讀者傳達創作理念。茲將其曾參與的文藝活動，依時間先後列表如下：

表 2-2：段彩華參與的文藝活動

項　次	活動名稱	舉辦時間	參加文學作家
01	「談現代戲劇」座談會	1965 年 09 月 12 日	魏子雲、瘂弦、陳映真等
02	「怎樣建立文藝的嚴正批評」座談會	1965 年 11 月 14 日	于還素、趙滋蕃、司馬中原、管管等
03	「第一屆現代藝術季」座談會	1966 年 03 月 15 日	朱西甯、侯建、洛夫、王文興、司馬中原等
04	全國後備軍人第一屆文藝大會	1966 年 04 月 01 日	郭嗣汾、司馬中原、高陽、吳明等
05	「保衛小說文學的領土」座談會	1967 年 01 月 07 日	朱西甯、尼洛、季季、楚戈、林懷民等

06	第一屆全國文藝會	1968 年 05 月 27 日	余光中、鍾梅音、隱地等
07	中國青年寫作協會巡迴訪問之座談人	1971 年 04 月 19 日	馮放民、林邁存等
08	「中華民國文藝界東亞訪問團」至韓、日等地	1975 年 11 月 19 日	陳紀瀅、趙友培、王叢集、尹雪曼等
09	「現階段我們的文藝路向」座談會	1976 年 08 月 19 日	
10	「現階段我們期盼的報紙副刊」座談會	1978 年 09 月 22 日	羊令野、姜穆、張默、司馬中原等
11	「文學主流」座談會	1979 年 03 月 25 日	石永貴、周錦、尹雪曼等
12	第一屆中韓作家會議	1981 年 11 月 02 日	蓉子、羅門、吳宏一等
13	第一屆亞洲華人作家會議	1981 年 12 月 16 日	蓉子、林煥彰、冰谷等
14	「小說座談會」	1982 年 10 月 08 日	尼洛、司馬中原、李昂等
15	全國性文藝團體負責人早餐會	1982 年 10 月 09 日	上官予、陳紀瀅、朱嘯秋、邱七七等
16	「文學理論」座談會	1982 年 10 月 21 日	何欣、吳宏一、周伯乃等
17	抗戰文學研討會	1987 年 07 月 04 日	余光中、齊邦媛、周錦等
18	「文藝創作與社會關懷」座談會	1992 年 12 月 04 日	司馬中原、朱西甯、尹雪曼、邱七七等
19	胡品清教授新書發表會	2000 年 09 月 16 日	莫渝、胡品清、綠蒂等
20	幼獅文藝 50 歲慶生酒會	2004 年 04 月 05 日	黃春明、陳若曦、羅蘭等
21	「鄉土與現代之間──段彩華創作五十年」	2005 年 01 月 08 日	張健主持之文學對談
22	「當我們青春年少──作者影像故事展」活動	2006 年 06 月 09 日	蓉子、張默、向明、陳若曦、隱地、馬森等
23	眷村文化節「文學時光」	2006 年 11 月 04 日	司馬中原、管管、碧果等
24	臺北縣文學家採訪小傳──二十堂課新書發表會	2009 年 12 月 15 日	鄭清文、麥穗、張拓蕪、郭楓、廖玉蕙等
25	《臺灣現代文學有聲書：小說卷》活動	2014 年 12 月	應國立臺灣文學館之邀由 IC 知音承辦

（研究者製表）

第二節　段彩華的小說著作

　　書寫是灌溉段彩華生命的泉源，他畢生的經歷皆投入於文學創作。抗日戰爭與國共內戰，是中華民國近代史慘壯的一頁，戰亂造成民族的大遷徙與顛沛流離，家人離散被迫離鄉背井，在這個動盪不安大時代試煉下，反而造就了如段彩華這樣的作家，因時代背景產出許多蕩氣迴腸的精心小說創作，他所出版各篇幅的小說著作，依出版時間排序列表如下：

表 2-3：段彩華的小說著作（欄位：書名／出版時間／篇幅／出版社）

項次	書名	出版時間	篇幅	出版社	備註
01	《幕後》	1951 年 10 月	中篇小說	臺北：文藝創作出版社	全書共十章，為段彩華首部小說。
02	《神井》	1964 年 5 月	短篇小說	臺北：大業書店	全書收錄〈插槍的枯樹〉等共 25 篇。正文前有司馬中原〈段彩華與其《神井》〉
03	《山林的子孫》	1969 年 6 月	長篇小說	臺北：幼獅文化事業公司	作者將自己與臺灣排灣族生活所得之見聞描繪而出的故事。
04	《雪地獵熊》	1969 年 9 月	短篇小說	臺北：三民書局	全書收錄〈塞上打雁〉等共 13 篇。正文前有編輯部〈三民文庫編刊序言〉。
05	《五個少年犯》	1969 年 12 月	短篇小說	臺北：白馬出版社	全書收錄〈駱家南墻〉等共 12 篇。正文前有編輯部〈我們的話〉、段彩華〈自序〉、〈作者簡介〉、華生〈段彩華這個人〉。
06	《鷺鷥之鄉》	1971 年 5 月	短篇小說	臺北：陸軍出版社	全書收錄〈叫聲〉等共 5 篇。
07	《三家和》	1974 年 6 月 1974 年 10 月	長篇小說	臺北：華欣文化事業中心	1974 年 10 月華欣版：因書名不吉，原書名《屠門》易名為《三家和》，內容與同年 6 月華欣版相同。
08	《花彫宴》	1974 年 7 月	短篇小說	臺北：華欣文化事業中心	全書收錄〈五個約會〉等共 11 篇。

09	《段彩華自選集》	1975 年 1 月	短篇小說	臺北：黎明文化事業股份有限公司	全書收錄〈黃色鳥〉等共 17 篇。正文前有國防部總政戰部〈印補國軍官兵文庫叢書前記〉、作家照片及手跡、〈年表〉、正文後有〈作品書目〉。
10	《段彩華幽默短篇小說選》	1976 年 1 月 1976 年 1 月	短篇小說	臺北：華欣文化事業中心 臺北：中華文藝月刊	全書收錄〈喜酒〉等共 12 篇。中華文藝版內容與華欣版相同。
11	《龍袍劫》	1977 年 10 月	長篇小說	臺北：名人出版社	正文前有段彩華〈《龍袍劫》前言〉。
12	《流浪拳王》	1978 年 8 月	短篇小說	臺北：天華事業出版有限公司	全書收錄〈孩子·小鳥·蜂窩〉等共 9 篇。
13	《賊網》	1980 年 6 月	長篇小說	高雄：臺灣新聞報社	
14	《流浪的小丑》	1986 年 7 月	短篇小說	臺北：駿馬出版社	全書收錄〈雪山飛瀑〉等共 8 篇。正文前有司馬中原〈一射中的——序段彩華《流浪的小丑》〉。
15	《一千個跳蚤》	1986 年 12 月	短篇小說	臺北：世茂出版社	全書收錄〈悍婦〉等共 7 篇。正文前有段彩華〈序〉。
16	《野棉花》	1986 年 12 月	短篇小說	臺北：爾雅出版社	全書收錄〈門框〉等共 8 篇。正文前有段彩華〈自序〉，正文後有〈作者書目〉。
17	《百花王國》	1988 年 1 月	短篇小說	臺北：世茂出版社	全書收錄〈花市〉等共 8 篇。正文前有段彩華〈序〉。
18	《上將的女兒》	1988 年 9 月	長篇小說	臺北：九歌出版社	正文前有段彩華〈自序〉。
19	《奇石緣》	1991 年 3 月	短篇小說	臺北：華欣文化事業中心	全書收錄〈碧峯農莊〉等共 9 篇。
20	《花燭散》	1991 年 5 月	長篇小說	臺北：九歌出版社	

21	《清明上河圖》	1996 年 6 月	長篇小說	臺北：九歌出版社	別於前作用數字標記章節，首起各節命名的方式，章章相合，有一氣之效。
22	《北歸南回》	2002 年 6 月	長篇小說	臺北：聯合文學出版社有限公司	段彩華最後一部長篇小說著作
23	《段彩華小說選集》	2006 年 11 月	短篇小說	臺北：臺灣商務印書館股份有限公司	全書收錄〈六月飛蝗〉等共 11 篇。正文後有〈段彩華書目〉。
24	《放鳥的日子》	2013 年 11 月	短篇小說	新北市：新北市文化局	全書收錄〈牧野星隱〉等共 11 篇。正文前有朱立倫〈市長序〉、段彩華〈自序〉、吳鈞堯〈續寫流域〉正文後有段彩華〈我的第一信仰〉。

（研究者製表）

綜觀段彩華小說的題材，從時代、背景與生活態樣可歸納為：一、是以回味家鄉往事與敘述逃難過程的離散小說，如《我當幼年兵》、《野棉花・兩個外祖母的墳地》與《幕後》。二、是配合軍中思想教育，以參與戰鬥的親身體驗，書寫抗日反共文學小說，抗日小說如《段彩華小說選集・黃陽村》、《神井・狂妄的大尉》與《上將的女兒》；而反共小說則如收錄入在《雪地獵熊》的〈送草車〉、〈荒屋〉及〈三馬入峪〉。三、是結合生活現況，以周邊的人物與場景再加上所發生之情事，來探究因社會快速的變遷所致人性轉變與生活無奈，如《山林的子孫》、《鷺鷥之鄉・鷺鷥之鄉》及《屠門》，其中〈鷺鷥之鄉〉有關切並深入環境保護的議題。

　　最後，在他七十歲時再度勾勒出親身返鄉探親的經歷〔註41〕，並細微觀察周邊老兵同袍返鄉後的心理感受，加上朋友之間口耳相傳的老兵返鄉故事，因而構思鋪陳長篇小說《北歸南回》。他以「北歸」、「南回」描寫老兵們鄉關何處的心情，深入他們的內心世界剖析國家認同的糾結，表露滯臺四十年的悲情，足見段彩華書寫功力是老當益壯且歷久不衰。

〔註41〕段彩華：「寫《王貫英傳時》自己特地到山東王貫英故鄉實地考察，也順道回家鄉一趟。前後一共回去了三、四次，回來後想寫親身經歷的過程，就是自己生命的故事。」參見彭嬌英：〈段彩華長篇小說研究・段彩華訪談紀錄〉（臺北：國立臺北大學中國語文學系碩士論文，2013 年 7 月），頁 171。

一、長篇小說

　　段彩華的小說創作始於中篇〈幕後〉，再以短篇陸續發表，最後也被蒐整為小說集，《山林的子孫》就是在自我提升之後所寫出的第一本長篇小說。他的長篇小說從 1969 年《山林的子孫》至 2002 年的《北歸南回》，橫跨三十幾年的時間，幾乎占據了他三分之一的人生。這八部小說題材不僅非常多元，且情節高潮迭起，尤其對於時空敘事特別用心，他曾說：「小說是處理時間與空間的一種藝術，為了表現彩色人物與場景，我在時間和空間的壓縮上，費了不少心思。」〔註42〕以下就針對這八部長篇小說的題材內容、創作技巧、主題意涵，進行總體性的精要說明。

（一）《山林的子孫》〔註43〕

　　《山林的子孫》（1969）的故事，題材內容牽涉到以下幾個範圍：1.族人傳統習俗的傳承與堅持 2.新、原文化的衝擊與融合 3.通婚與族群的認同，讓讀者了解到原住民在漢人的文明衝擊下，悠久文化與固有道德的延續與保留的抉擇下，演化出斷根危機的悲哀，以及族群認同的不安，凸顯出原住民在兩岸分治後，久被強勢的漢族統治下，不斷自我壓抑族群的本性與根源的無奈、無助的悲情，從埋藏已久心裡，如箭在弦上亟欲射出以表達內心的不滿，讓人不勝唏噓與同情。

　　段彩華以開闢的公路來隱喻異地文化入侵的通道，漢文化自古以來一直是被強勢的漢人以歸化為藉口，貪婪著吞食次文化，其最終的目的就是要讓原住民重新如蘭花般歸順並倚附在如大樹般的漢文化之上，亦眼睜睜的坐視原住民族群間的對立與衝突。故段彩華以婚姻方式來促成族群融合的巧思，希望在這種新舊文化更迭與包容的磨合的經過中，藉臺灣本土文化演進的特殊之處，及臺灣的多樣性文化資產，做為族群融合過程中的對話空間，足見段彩華的用心。

（二）《三家和》〔註44〕

　　《三家和》（1974）所描述的對象與主題相當的另類，它以鮮為人知，但卻是非常倚賴的屠宰戶做為故事的主軸。除了信仰與健康因素的人類，幾乎

〔註42〕張恆豪編：《臺灣當代作家研究資料彙編‧86‧段彩華》，頁131。
〔註43〕段彩華：《山林的子孫》（臺北：幼獅文化事業公司，1969年6月）。
〔註44〕段彩華：《三家和》（臺北：華欣文化事業中心，1974年6月）。

是離不開各種肉品，但隨著時代的進度與衛生觀念的普及，因此，肉品的產生與選購的地點一直是相互角力的議題。生活觀念的傳統與現代化直接影響著業者的生存與延續，但消費者始終對業者所面臨的挑戰與危機，因對屠宰戶的陌生卻是無法得知他們的窘境，且相對的是不足以深入瞭解與關懷。

故事是描述旅居紐約的華僑鄒琛響應政府的號召，以當時在美時肉品販售的規格，改變國內原有手刃的殺豬方式汰換成以現代化的電動屠宰。臺灣在 1970 年代以後，農畜業才從舊有傳承的方式開始轉向現代化發展的模式，但其轉變過程中所發生的新舊觀念的拉扯。段彩華以文字書寫方式深深的筆觸來紀錄這段改變的歷程，藉由故事中的林守成、林惠貞父女及其他相關人士到電動屠宰廠參觀過程中所發生的種種狀況，用事件來敘述改變的困難度。尤其是在利益與現實上更是無法找出適當的出路，終究在觀念的改變下。書中最後也以消費者、政府、舊式屠宰場三方合作下，和平的轉向電動屠宰化的供銷系統為結局。整個故事除了提供讀者煥然一新的新題材之外，然所表現意圖是讓人思考在傳統與現代之間取捨的重要性。

（三）《龍袍劫》〔註45〕

龍袍，在民國前歷代王朝君主專制的統治下，被視為皇權的象徵。段彩華以不同世代人的觀點在不同看法下，藉助《龍袍劫》（1977）的故事來傳達守舊的堅持。在世代更替的時間過往上，是阻礙文明與思想進步的絆腳石，以故事的發展導引讀者體認迎接新時代是改變的里程碑，故「龍袍」是有很深的隱含，代表著牽絆進步發展的舊思想、舊制度與舊觀念。滕陽紫誤劫龍袍的事件，當時在「君主為天」的迂腐的心態下，罪無可逭的滕陽紫究其本性未泯，跟假借護衛皇權之名實為爭位奪利心懷不軌的各路人馬，在相對的比較之下暴露出深藏於底層捉摸不定的人性。在追逐於權力與利益的爭奪下，形成人性善惡的強烈對比。又「龍袍」在朝廷的欽差大臣眼裡，「見龍袍如面聖」的固有觀念使得看見龍袍就如身在廟堂之上；然在積極準備革命推翻滿清的革命黨人，陷入亟欲推翻帝制建立共和的前提下，在他們的眼裡卻只不過是件藝術品罷了，人人皆可穿之。

段彩華以清廷視「龍袍」無可取代之瑰寶，而寧可以無辜的人命來換取之的描述，來影射滿清政府的殘暴及草菅人命的惡行，也闡揚為救中國唯有

〔註45〕段彩華：《龍袍劫》（臺北：名人出版社，1977 年 10 月）。

革命一途才是真正的王道。郭明福在〈《龍袍劫》——一個或將湮滅的故事〉也意有所指地說出作者真正的想法:「段彩華並非以寫武俠小說的心情和目的,來經營《龍袍劫》;⋯⋯意味著一個古舊時代的結束,另一個嶄新時代將來臨。」〔註46〕就如段彩華在本書的前言所述:「寫出一椿事,讓人們了解上一代的上一代的思想和觀念。」〔註47〕這句話意味著世代交替的因果,是文明進步的動力,然這部小說著重點在於思想的變革是因民心而牽動,當然隨著時代的不同再加上科技的進步,自然就會有差異性,但傳統思想真的是影響進步的因素嗎?段彩華最終的目地還是希望後人要有飲水思源的基本態度,緊握住不忘本的初衷。

(四)《賊網》〔註48〕

《賊網》(1980)主要是敘述男主角方浩然,在偶然的機緣下認識白果莊莊主林啟洪,由於方浩然被林啟洪視為培養之青年才俊,便招攬他為護院教頭,專責教授莊內家丁之武藝。在入莊後與莊主女兒林秀菁產生情愫,而林秀菁早已奉父母之命,將要嫁給岳漢卯的兒子岳奇城,當岳家登門敦促林家定下迎娶過門之日時,然林秀菁因心有所屬而婉拒這門親事。在傳統上,兒女的終身大事幾乎皆由雙方父母或靠媒妁之言決定,再加上門當戶對的階級觀念的作祟,年輕人無法自由戀愛而主導婚嫁。林秀菁的反抗,正是時代女性婚姻自決的爭取,也是自我掌握幸福的渴望下,不願被傳統思想所束縛。

《賊網》不只對女性有細膩的敘述,在男性部分也是有很精闢的書寫。書中寫到方浩然年輕涉世不深,易為情所惑而誤入賊窟,在得知林家為江洋大盜的身分後,為了不使方家的列祖列宗蒙羞、洗清自己不白之冤,先從林秀菁開始,竭盡所能勸導林氏家族改邪歸正、重新做人。更決定參加剿匪行動,充分的表露出其撥亂反正的心志,最後的結局雖然如昔「邪不勝正」、「善有善報」、「惡有惡報」的慣性用語上;然整部小說的筆法以及手法的安排,儼然已緊密的將書名中的涵義完美穿梭在故事的主軸上。所謂的人性,是在一定社會制度和一定歷史條件下所形成的人的本性,故段彩華將《賊網》的場景設計定位在凶險且人心搖擺不定的江湖社會上,也就是寓言在不同的時代會因為社會資源的不同,極易產生隨波逐流多變且起伏不定的人性。就如

〔註46〕郭明福:《琳瑯書滿目》(臺北:爾雅出版社,1985 年 7 月),頁 152、153。
〔註47〕段彩華:《龍袍劫》,頁 5。
〔註48〕段彩華:《賊網》(高雄:臺灣新聞報社,1980 年 6 月)。

段彩華在序所言：「舊的時代裡，幫派逼起了幫派，一幫比一幫狠，一派比一派惡，有多少陷阱等在他的前面，是很難算得清的。」〔註 49〕縱然如此，他還是留下伏筆導引讀者正面思考的方向，就是在最末寫上春天來臨之景，希望未來人世中眾多的「方浩然」能努力迎向更美好的生活環境。

（五）《上將的女兒》〔註50〕

《上將的女兒》（1988）是段彩華從傳記書刊上所改編的，原本只是百字的短篇故事，因受其內容所感動，若要以前作者所著加以改寫的話，會牽涉到智慧財產的保障，故而遲遲不敢付諸於行動。經過十幾年的等待與忍耐，最後終於在 1988 年全部付梓出版。書中的女主角霍玉嬌，是故事中在戰場殉職總司令霍上將的女兒，一心要找到他父親臥血的地方，而展開了故事的情節。為了此行能順利，遂將自己原為女兒身如古代花木蘭喬扮成男人並以霍小虎自稱，由男主角也就是總司令部隊中的一位排長葉正麟護衛著，潛入敵軍的戍守防衛陣地，冒險深入敵後趕赴遠方的百里大山祭拜光榮戰死的父親。在生死交關與崎嶇險境的路程中，霍玉嬌所表現出用槍的熟練與精準的射擊令人嘖嘖稱奇外，其內在豐富的知識也不時的顯露無遺。途經敵區眼見在水深火熱中的難民生活度日如年的慘狀，這也是作者刻意在本書所要呈現的重點之一。

段彩華《上將的女兒》的設定中，寫出了孤獨的社會小角色、動盪荒涼的歲月、男女間軍營裡無可寄託的浪漫情懷，以及一個過往時代年輕女子滿腔熱血的悸動與不安。故事裡，從軍在此成為唯一安居立命的辦法，也成了亂世下情感想像的救贖；然而性別角色的隱藏與張揚，卻也成為漁家之女綠娃，產生了三角關係的情感，而成為生命中最為難解與傷痛之處。雖然綠娃和葉正麟之間發生了感情，然在故事的安排下綠娃卻葬身於戰火之中，兩人從此陰陽兩隔。故事發展到此雖然悲哀，但也有所轉折後來在綠娃的父、母親崔三爺、崔三娘的祝福下，將收作乾女兒的霍玉嬌嫁給了葉正麟，最後兩人在離開前先到綠娃墳前獻花後才雙雙搭車前往重慶。此篇小說雖然在性別的議題上，敘寫出巾幗不讓鬚眉的英勇與機智的兩性平等概念，然而善戰抗敵的英雌形象，在世俗的眼光中還是脫離不了中國女性的傳統角色。而女性

〔註49〕段彩華：《賊網》，頁 1、2。
〔註50〕段彩華：《上將的女兒》（臺北：九歌出版社有限公司，1988 年 9 月）。

形象段彩華的筆下卻是身影逐漸模糊，飄盪在個人愛欲與家國背景的呼之欲出的越界行為。

（六）《花燭散》〔註51〕

《花燭散》（1991）是段彩華「在長篇作品中印象最深刻的一個，……首開世界上的先例（不論是短篇或長篇小說），是以彩色電影方式表達」〔註52〕的長篇小說。故事時間設定於民國初年，在一個下雪的冬天，靳朋玉隨著迎親的隊伍，迎娶新娘丁淑月，不料卻在回程中遭王家搶親打劫，擄走新娘。丁月淑雖被盜賊所挾持但依然鎮定，急中生智在不動聲色下的佈了線索，留下蛛絲馬跡讓夫家及家人有跡可循方便尋人；但就算心思用盡不斷的嘗試仍舊還是希望落空，使原本美滿的洞房花燭，落得兩地分散。故事起頭為描寫丁淑月在母親掃墓時，沒想到被一個流氓氣的富家公子王明杰看上，且一見鍾情，返家之後對丁月淑的身影朝思慕念，整日病懨懨的無精打采，連醫生都說若要痊癒必須先解心愁，不然無藥可醫。段彩華藉母親護子心切的人性下，就順理成章的在小說中成為故事的重要的起源，因佈局搶親而決定了男女主角的悲劇命運。

本書寫民初時代一段婚姻，故事精采緊湊，人物栩栩如生，描寫風景文物，更是歷歷如繪，如一開始王明杰與丁淑相遇的場景，如「河水是清的，桃花倒影在河底，朵壓朵，枝連枝，隨著波紋撓動，……騎在馬上的青年人，注視著水底的桃花，不覺失神了」〔註53〕，就是在桃花盛開的春天裡。全篇故事旨在探討中國傳統社會女子貞節的護守觀念，藉小說來批判舊時代禮教的吃人，也道出過去傳統的封建思想與父權壓抑下，對於女性的基本人權的重創與迫害是無止境的。

（七）《清明上河圖》〔註54〕

北宋張擇端的經典之作「清明上河圖」，乃是宋代風俗畫的鉅作，描繪北宋都城開封汴河兩岸的繁榮景象，及各階層人物的生活情形和社會風貌，除了具有極高藝術的觀賞價值，還有相當重要的歷史性價值。歷代畫家又從不同的視角及風俗軌跡，或仿效，或複製，足見「清明上河圖」的影響力是多麼

〔註51〕段彩華：《花燭散》（臺北：九歌出版社，1991年5月）。
〔註52〕張恆豪編：《臺灣當代作家研究資料彙編·86·段彩華》，頁152。
〔註53〕段彩華：《花燭散》，頁1。
〔註54〕段彩華：《清明上河圖》（臺北：九歌出版社，1996年6月）。

深遠，滿清入關後此畫自然就淪入滿族之手。段彩華的《清明上河圖》（1996）將漢人不甘被滿人統治的心態，以竊取名畫的故事來隱喻漢人對民族復興的渴望，其代表人物則設定為張擇端的後代子孫張光白，他利用太監李寶亭的貪婪，用計謀設下圈套順利的將「清明上河圖」從異族手上奪回。

充滿戲劇性的竊取畫的過程中竟然瞞天過海掩人耳目，令人讚嘆的是作者在這個節骨眼把老佛爺慈禧太后請了出來，用以暗諷她統治中國的專制蠻橫，安排了東窗事發的巧合，為了找不到她想看的畫來引申她是如何以個人的情緒，為所欲為的來殘害中國，尤其是在國家列強霸凌與太平天國作亂之際，她無視於民間疾苦仍然過著奢華生活沉醉於宮廷饗宴之中。為了追回名畫，朝廷任命老太監任學海擔當重任、負責指揮，再以小太監為班底並納編各地武將開始追緝的任務；在名畫的誘惑之下，人人都想因此獲利，除了朝廷的人馬，尚有太平天國的武士、捻子、強盜參與搶奪，甚至也引來外國人的覬覦。在朝廷與江湖的爭奪當中所掀起一陣陣高潮起伏的混亂廝殺，計中有計，曲折離奇，一氣呵成的情節，更使讀者不自覺的身歷其境，在旁觀的過程下也不盡的為名畫捏下一把冷汗。最後張氏家族為不辱使命，用盡全力在智取與武力靈活交替運用下，終於將「清明上河圖」藏放在安全的地方，故事結局則安排老太監任學海看完一幅潑血畫後，在曉以大義下遂將摹本讓其帶回宮廷交差。

（八）《北歸南回》〔註55〕

《北歸南回》（2002）是段彩華的最後一本長篇小說，所謂「北歸」就是回到故鄉，所謂「南回」就是回到臺灣。整部小說是藉由三位老兵，在政府開放探親後返鄉的感人故事，所組合串構而成的。這是一個大時代的悲歌，全書以三位主角人物季里秋、于思屏、方信成等三人白髮返鄉的故事為線索，各自鋪陳衍生各自的悲喜哀樂，彼此之間的遭遇卻是環環相扣、彼此牽連。作者以一代人的共同經歷，勾勒出時代的場景，為歷史作誌，充分表現殘酷歷史造就的悲傷與殘陷，替無法定位漂泊的靈魂作出最佳詮釋。也提出幾十年來中國人的共同願望：「歷史是一陣陣的傷痛，必須用誠實的和平來治療，而不是把稻米換成砲彈，再添悲情。」〔註56〕帶著思念的心情返鄉有溫馨又

〔註55〕段彩華：《北歸南回》（臺北：聯合文學出版社有限公司，2002年6月）。
〔註56〕段彩華：《北歸南回·序》，頁5。

心痛的感覺，故事中的主角們在與親人團聚後，相對在返鄉的期盼下似乎有所落差而不禁感到質疑、不安與失望，沒想到牽掛在身三十多年的鄉愁，卻面對因戰亂所致鉅大的變遷與親友的互動中，而產生迷惑並不用說有解脫的感覺，反而是被無形的枷鎖更緊密的扣住，夢境中家鄉的美好一瞬間支離破碎無法挽回。

所幸段彩華在緩解返鄉的迷思失望下，安排了一場等了三十多年的遲來婚禮，讓方信成與唐月蓉結為連理，為海峽兩岸畫下了美好的願景作為結局。書中的于思屏即是段彩華的化身，于思祥為其堂哥段彩祥，其他如季里秋為其舅舅，于氏家族諸親友等均真有其人。此書是段彩華用來紀錄個人的返鄉經歷，再以老兵還鄉的心理增添了其他人物及遭遇來充實書寫的內容，雖然如此，內容所陳述的個人故事，卻是每位返鄉老兵所發生悲感交集的寫實故事。

二、中篇小說

《幕後》〔註57〕（1951）是中篇小說，乃段彩華在十八歲時寫出的作品，取材自1946年的春天，他的家鄉被共產黨佔領的經歷。故事發生時間在於中共擴大叛亂，共軍像蠶食鯨吞的攻城略地，逐步赤化大陸每一個鄉鎮。

作者將故事分為兩個段落，以離鄉前後來敘述共產黨的暴行與個人的驚險經歷，共產黨每佔領一個村莊，他們所做的第一件事就是清算鬥爭，被鬥的對象則以黑五類為首的地主。而清算鬥爭實況則是作者刻意要呈現的，無非是讓讀者認清共產黨的殘暴與人性泯滅的一面。尤其是在階級鬥爭上，其所暴露對無產階級意識的盲從；在共產黨的認知下只要是有財產與土地的人都是牛鬼蛇神，一定要用鬥爭的激烈手段才能為其所教化。每天生活在恐懼之中，段彩華順從母親的心意，逃離被赤化的家鄉遠赴徐州就學，至此開始了第二階段情節的延續。故事中提到在前往徐州的路途中，崎嶇波折驚險不斷，但終究要安全抵達目的地，情節高潮迭起。

三、短篇小說集

段彩華的短篇小說集著作，從1964年的《神井》到2013年的《放鳥的日子》，計十五部。題材多元，觸及山林怪異、城鄉傳奇、臺灣社會體察等；

〔註57〕段彩華：《幕後》（臺北：文藝創作出版社，1951年10月）。

寫作手法勇於創新，運用意識流、超現實及電影運鏡等。整體而言，充滿現實的關懷。以下針對這十五部短篇小說集的題材內容、創作技巧、主題意涵，進行總體性的精要說明。

（一）《神井》〔註58〕

《神井》（1964），段彩華擷取廣傳於鄉間的傳奇故事，透過鄉土風貌投射自我感知，從中揭示東方世界的生存面貌。全書收錄〈插槍的枯樹〉、〈無門草屋〉、〈蛇醫〉、〈星光下的墓地〉、〈羞態〉、〈鋼絲空盪〉、〈神井〉、〈雨傘〉、〈花園夫人〉、〈紅色花籃〉、〈玩偶〉、〈九龍崖〉、〈碧潭風雨〉、〈潭屍〉、〈七月黑潭〉、〈女人〉、〈花彫宴〉、〈毛驢上坡〉、〈小孩求雨〉、〈貨郎挑子〉、〈祖林的風水〉、〈病厄的河〉、〈兩個外祖母的墓地〉、〈狂妄的大尉〉共 25 部短篇小說。其中如〈神井〉、〈雨傘〉就是以當地口耳相傳的話題，作為故事中情節推展的引申，藉由事件湊巧的發生，營造出「怪力亂神」的靈異現象。段彩華在這些小說中除了以鄉間迷信點出宗教議題，也間接傳達出大陸農村的現實生活，以及農民純樸與善良的個性。

（二）《雪地獵熊》〔註59〕

《雪地獵熊》（1969）集結 1962 至 1968 年間的短篇小說，內容雖為早期作品，但早已顯見創作技巧之扎實，透過意識流與超現實手法，呈現小說鏡頭的意象轉移。全書收錄〈塞上打雁〉、〈雪地獵熊〉、〈風雨夜汊〉、〈亂石灘〉、〈營火〉、〈溪邊喇叭〉、〈流浪到風景區〉、〈被告〉、〈春天夭逝的孩子〉、〈毒彈〉、〈送草車〉、〈荒屋〉、〈三馬入峪〉共 13 部短篇小說。

（三）《五個少年犯》〔註60〕

《五個少年犯》（1969）集結 1962 至 1968 年間的短篇小說，各篇主題簡明劇情卻深具戲劇性，末尾收束輕淡，留人涵咀。全書收錄〈駱家南墻〉、〈魔針〉、〈隴海夜快車〉、〈蘆橋夜〉、〈蜂兵鴉陣〉、〈五個少年犯〉、〈惹禍的星期天〉、〈觀光船〉、〈少女日記〉、〈大霧〉、〈街市下午〉、〈五毛錢銅板〉共 12 部短篇小說。

〔註58〕段彩華：《神井》（臺北：大業書店，1964 年 5 月）。
〔註59〕段彩華：《雪地獵熊》（臺北：三民書局，1969 年 9 月）。
〔註60〕段彩華：《五個少年犯》（臺北：白馬出版社，1969 年 12 月）。

（四）《鷺鷥之鄉》〔註61〕

《鷺鷥之鄉》（1971）全書收錄〈叫聲〉、〈鷺鷥之鄉〉、〈馬陵斜澗〉、〈山地的奇事〉、〈鐵碉堡和軍車〉共 5 部短篇小說。這五篇小說內容的共通點在於戰爭中求勝之道，以及軍人如何運用智慧來完成任務，各篇小說脫離不了革命精神與軍人武德的闡釋。但在〈鷺鷥之鄉〉中卻帶著反戰的意味，讓讀者有戰爭與和平的感受，也兼顧了生態保育的啟發性。

（五）《花彫宴》〔註62〕

《花彫宴》（1974）全書包括作者早期、中期、近期的作品，各篇具有不同的含意和風格。唯一相同的地方，都是反映社會現實，從現實裡取材，表現出負面的現實人生。書收錄〈五個約會〉、〈七月黑潭〉、〈外鄉客〉、〈貨郎挑子〉、〈酸棗坡的舊墳〉、〈花彫宴〉、〈花園夫人〉、〈六岳飛蝗〉、〈雨傘〉、〈嬰兒爬墳〉、〈神井〉共 11 部短篇小說。

（六）《段彩華自選集》〔註63〕

《段彩華自選集》（1975）集結 1957 至 1970 年間的短篇小說，以平時冷靜的筆法剪裁現實社會的幽微，並透露委婉嘲諷的象徵手法，揭露物質文化下人性矛盾灰暗之處。全書收錄〈黃色鳥〉、〈孩子和狼〉、〈毛驢上坡〉、〈小孩求雨〉、〈九龍崖〉、〈插槍的枯樹〉、〈病厄的河〉、〈門框〉、〈鋼絲空盪〉、〈無門草屋〉、〈狂妄的大尉〉、〈星光下的墓地〉、〈玩偶〉、〈壽衣〉、〈紅色花籃〉、〈女人〉、〈山崩〉共 17 部短篇小說。

（七）《段彩華幽默短篇小說選》〔註64〕

《段彩華幽默短篇小說選》（1976）看似以第一人稱作為出發點嘲諷他人，實則藉第一人稱嘲諷自我，透過不同鏡位的書寫映照自我省思餘留下的普世關懷。全書收錄〈喜酒〉、〈廣告世紀〉、〈小鬼〉、〈鄉村豪客〉、〈紙公鷄和風車〉、〈含羞草與驢子〉、〈請驢〉、〈馬猛哈雅家的旅行〉、〈大卸八塊〉、〈大廈的喜劇〉、〈押解〉、〈臨時助手〉共 12 篇。

〔註61〕段彩華：《鷺鷥之鄉》（臺北：陸軍出版社，1971 年 5 月）。

〔註62〕段彩華：《花彫宴》（臺北：華欣文化事業中心，1974 年 7 月）。

〔註63〕段彩華：《段彩華自選集》（臺北：黎明文化事業股份有限公司，1975 年 1 月）。

〔註64〕段彩華：《段彩華幽默短篇小說選》（臺北：華欣文化事業中心、臺北：中華文藝月刊，1976 年 1 月。中華文藝版內容與華欣版相同、同時間出版）。

（八）《流浪拳王》〔註65〕

《流浪拳王》（1978）是「電影」實驗小說，透過電影運鏡的書寫技巧，在場景兌換與人物心境轉移當中描摹出具有實境感風格之作品。全書收錄〈孩子・小鳥・蜂窩〉、〈淇河渡口〉、〈老漁人〉、〈野棉花〉、〈嬰兒〉、〈插映的日子〉、〈流浪拳王〉、〈心病〉、〈櫻花恨〉共9部短篇小說。

（九）《流浪的小丑》〔註66〕

《流浪的小丑》（1986）為作者幽默短篇小說之集結，以虛實的筆致鋪陳不同題材，將時空情境托於紙上，寓情於物、簡練自然，予人感官上另一視野。全書收錄〈雪山飛瀑〉、〈棋仙〉、〈兩個冠軍〉、〈武術教師〉、〈三瓶葡萄酒〉、〈多產母親〉、〈流浪的小丑〉、〈國際友軍〉共8篇部短篇小說。

（十）《野棉花》〔註67〕

《野棉花》（1986）集結1951至1986年間的短篇小說，為創作生涯36年的自我回顧與紀念。全書收錄〈門框〉、〈貨郎挑子〉、〈淇河渡口〉、〈野棉花〉、〈兩個外祖母的墓地〉、〈雨傘〉、〈酸棗坡的舊墳〉、〈外鄉客〉共8部短篇小說。

（十一）《一千個跳蚤》〔註68〕

《一千個跳蚤》（1986）為作者幽默短篇小說之集結，以巧合與氣氛營造，反映時下社會風氣，並對此進行反思。全書收錄〈悍婦〉、〈失車記〉、〈塞浦路斯葡萄〉、〈計劃車禍〉、〈偷蟒〉、〈一千個跳蚤〉、〈外景隊風波〉共7部短篇小說。

（十二）《百花王國》〔註69〕

《百花王國》（1988）為作者將自身對臺灣社會三十年來的體察以傳奇手法平時描繪，以夢帶入世變，展露出對現代社會的嘆息與無奈。全書收錄〈花市〉、〈蝴蝶王國〉、〈夢幻圖〉、〈百花王國〉、〈石板屋〉、〈離島奇事〉、〈泥人傳奇〉、〈攔門挑戰演義〉共8部短篇小說。

〔註65〕段彩華：《流浪拳王》（臺北：天華事業出版有限公司，1978年8月）。
〔註66〕段彩華：《流浪的小丑》（臺北：駿馬出版社，1986年7月）。
〔註67〕段彩華：《野棉花》（臺北：爾雅出版社，1986年12月）。
〔註68〕段彩華：《一千個跳蚤》（臺北：世茂出版社，1986年12月）。
〔註69〕段彩華：《百花王國》（臺北：世茂出版社，1988年1月）。

（十三）《奇石緣》〔註70〕

《奇石緣》（1991）集結山林怪異、都市傳奇、拓荒者遭遇、小人物悲喜主題之作品，以洗練的筆觸烘托社會各層的人生面貌。全書收錄〈碧峯農莊〉、〈兩瓶土〉、〈奇石緣〉、〈葬牛〉、〈情火〉、〈病嗓記〉、〈父母心〉、〈午夜出診〉、〈怪廟〉共 9 部短篇小說。

（十四）《段彩華小說選集》〔註71〕

《段彩華小說選集》（2006）以 1960 至 1980 年代為分界，汲取大時代下的社會灰暗，筆法詼諧，行文簡練，直指人生現實面。全書收錄〈六月飛蝗〉、〈雪山飛瀑〉、〈第一千萬位〉、〈黃陽村〉、〈曠野的哭聲〉、〈三代同臺夢〉、〈山的傷痕〉、〈凶案〉、〈午夜出診〉、〈天才堂倌〉、〈賭場絕技〉共 11 部短篇小說。

（十五）《放鳥的日子》〔註72〕

《放鳥的日子》（2013）取材自生活或生命經歷，透過自我與社會間的關係，運筆穩健、安排嚴實。全書收錄〈牧野星隱〉、〈火災〉、〈放鳥的日子〉、〈財運〉、〈暗巷〉、〈黑魔術與彩衣〉、〈綁票〉、〈夜宿破廟〉、〈探病〉、〈華山棋局〉、〈夜變〉共 11 部短篇小說。

小結

小說作家的內在特質在於異常熱情且敏感，並具創作性、想像力和藝術修養，方能從平凡生活中發掘獨特的素材，劉世劍在《小說概論》中提及：

> 小說家應該是異常熱情的敏感的人。這樣，他才能不斷從平凡的生活中發現不凡的獨特的東西；同時，應該是異常具有思想能力分辨能力的人。這樣，他才能對發現的生活做出恰當而深刻的判斷；更應該是異常具有創作性、想像力和藝術修養的人。這樣，他才能將發現及理解了生活在頭腦中重新組合、編織、擴大，創造出一幅幅酷肖生活而又全新的藝術劃面。〔註73〕

〔註70〕段彩華：《奇石緣》（臺北：華欣文化事業中心，1991 年 3 月）。
〔註71〕段彩華：《段彩華小說選集》（臺北：臺灣商務印書館股份有限公司，2006 年 11 月）。
〔註72〕段彩華：《放鳥的日子》（新北市：新北市文化局，2013 年 11 月）。
〔註73〕劉世劍：《小說概論》（高雄：麗文文化事業股份有限公司，1994 年 11 月），頁 19。

段彩華畢生信仰就是文學創作，在創作過程中不斷追尋突破瓶頸的法門。1951年完成中篇小說〈幕後〉的處女作，段彩華曾自述這篇小說的創作過程：「那時，我已經開始寫作〈幕後〉，把我在三十五年的春天，故鄉淪陷時的一段生活，用小說的寫法、紀錄加上創造、寫實性的記載下來。」〔註74〕他的小說是真實與虛構的結晶體，融鑄從大陸來臺的生活經驗，凝聚成中國近代史的縮影。他在1962年榮退後仍創作不輟，更展現出在實驗中不斷創新的意圖；創作之餘，並熱心參與文學推廣活動，為文學傳承的工作奉獻心力。

段彩華在小說創作上最大的突破，是利用電影「蒙太奇」〔註75〕的藝術效果，這樣寫作手法的突破並非空穴來風，他曾在1950年時參加軍中話劇演出的體會，便著手研究導演與編劇工作，「將電影中許多技巧運用到小說創作中，進而影響其後作品特別注重動作和視覺效果」〔註76〕。特別是《流浪拳王》短篇小說集，可視為他的「電影」實驗小說。他創作小說的手法，跳脫傳統書寫的模式，如短篇小說〈貨郎挑子〉、〈花雕宴〉與長篇小說《清明上河圖》，甚至最後一本的長篇小說《北歸南回》，皆運用蒙太奇手法，就在夢境與回憶的穿梭下，跳躍時空與場景帶出故事的原委，這些都是他勇於實驗創新的體現。

身為作家除了必須要自我期許與要求，更要嚴謹檢視自己的思維，翁柏川在《2015臺灣文學年鑑‧段彩華》提到段彩華對自己作品的要求：

> 必須要符合兩大條件：一是風格，二是格調。他認為文章可見風格就很美，但這個美感得偏重某一方面，才能顯見格調。段彩華將寫作視為自己的第一信仰，同時在寫作過程中，力求突破生活侷限。他始終對寫作技巧、議題內容與創作類型保有高度探索的興趣。〔註77〕

段彩華對作品的自我要求除了嚴謹之外，更沉浸於美的追求。在他的小說建構內容中，無論是在人物、場景與事件的安排，都融入了作者眼前的世界觀；

〔註74〕段彩華：《我當幼年兵‧我的第二家園》，頁106。
〔註75〕柏格森說：「蒙太奇透過所擁有的素材接合、刪減及錯接而得以決定出全體」，參見於Deleuze Gilles著，黃建宏譯：《電影：運動──影像》（臺北：遠流出版社，2003年），頁73。
〔註76〕張恆豪編：《臺灣當代作家研究資料彙編‧86‧段彩華》，頁58。
〔註77〕翁柏川：〈段彩華‧（1933～2015)〉，參見林佩蓉編《2015臺灣文學年鑑》（臺北：國立臺灣文學館，2016年12月），頁178。

至於情節展演也是他所有記憶的重現，結合了個人生命經驗。段彩華對於寫作，不只是個人的興趣，也是生命的全部，有其個人的執著與堅持。

第三章　臺灣小說的老兵書寫舉隅

　　一九五〇年代臺灣小說出現老兵書寫，此時正值反共年代的初期，國府推行戰鬥文藝運動，並把文學活動當作政治動員。〔註1〕當時作家幾乎是外省籍的「中國文藝協會」〔註2〕成員，文學被視為政府宣傳的工具，以安定民心為目的，對於老兵的書寫也僅是對政府的歌功頌德。

　　六〇年代之後，外省第二代已逐漸成長，在父執輩的薰染與身處環境的影響，如出生將軍之家的白先勇，在〈歲除〉、〈梁父吟〉、〈那片血一般紅的杜鵑花〉、〈國葬〉、《孽子》等小說中，也有老兵懷鄉議題的關注。七〇年代之後，履彊是大量從事老兵書寫的作家，如〈宋班長〉、〈蠱〉、〈排附與我〉、〈髮〉、〈母子〉、〈狙擊〉、〈兩個爸爸〉、〈無愛〉、〈老楊和他的女人〉、〈兩岸〉、〈信〉、〈婚事〉等，內容表露老兵人生無奈而含情的妥協。八〇年代之後，王幼華用心融入老兵題材，如〈南山村傳奇〉、〈天魁草莽錄〉、〈有應公殿下慈悲〉、〈兄弟倆〉、〈菩提樹〉、〈慈母灘碑記〉等，細膩刻劃外省人兩代之間的代溝問題、外省人來臺的心境。又如出生於眷村二代的蘇偉貞，其小說〈生涯〉、〈袍襗〉，在眷村文學中也注入了老兵的元素。再如張大春〈雞翎圖〉、〈將軍碑〉、〈四喜憂國〉、《聆聽父親》等，以魔幻寫實的語境寫出外省榮民內心的衝突與矛盾。

　　七〇至八〇年代的老兵書寫如雨後春筍，相關作品量最多，如朱天文

〔註1〕陳芳明：《臺灣新文學史（上）》（臺北：聯經出版事業股份有限公司，2012 年 10 月），頁 266。

〔註2〕中國文藝協會成立於 1950 年 5 月 4 日，由陳紀瀅擔任大會主席。陳芳明：《臺灣新文學（上）》，頁 266。

〈小畢的故事〉，描寫老兵在臺再婚的故事，亦值得關注。九〇年代之後，在多元化的社會衝擊下，老兵書寫面向更為開展，尤其在開放探親後，有關「家在哪裡？」的問題糾結，以及身分認同的思辨，成為作家熱切書寫的焦點。除了段彩華的《北歸南回》，還有張啟疆〈保衛臺灣〉、〈遺囑〉、〈故事：一個無稽可考的大刀隊傳說〉、〈君自他鄉來〉、〈老人家〉等，以及朱天心〈想我眷村的兄弟們〉。至於巴代《走過》則以原住民老兵為描寫對象，打破老兵省籍的界線，開創另類的老兵書寫題材；這部小說的主角人物是被國民黨誘騙至中國大陸參加國共內戰，其身分雖不屬於本論文所要探討外省來臺的老兵對象，然為了全面觀照臺灣小說中的老兵書寫，原住民老兵身分也不容忽略。

　　回顧臺灣小說的老兵書寫，隨著臺灣政治與社會環境變遷，呈現外省老兵議題的不同樣貌。這些小說就宏觀與微觀的視角，搭建政治與社會的舞臺背景，刻劃不同老兵的內在心聲與血淚歷史。劉再復《性格組合論》即提及，小說中人物典型性格的塑造必然與典型環境有所連結：

> 作家在塑造典型性格時，就不能不與他所處的典型環境聯繫起來，而且必須注意到，人物所處的典型環境也是動態性質環境，也是在不斷地發生變異的。典型環境並不適單一性的環境，從宏觀角度看，每個人都處於一個時代的大典型環境之中，但任何一個宏觀狀態，都是由許許多多的微觀狀態所組成的。一個典型環境的宏觀性質，實際上是大量微觀狀態的典型環境綜合表現的平均性質。〔註3〕

本章重點在於回顧臺灣小說五〇至九〇年代的老兵書寫，藉此窺探這些文本，如何在動態的歷史軌轍中再現被淡忘的老兵身影。本論文在進入第四章段彩華《北歸南回》的探析之前，先縱觀五〇年代以來的老兵書寫，期望藉此了解小說在不同時代環境的背景下，如何呈現老兵的內心世界，又人物形象的同質性與差異性。以下有關老兵小說文本，參自錢弘捷的碩士論文〈戰後臺灣小說中老兵書寫的離散思維〉〔註4〕，並增補其不足，依序就五〇至六〇年代、七〇至八〇年代、九〇年代之後等三個階段，整理表列，並舉例文本分析。

〔註3〕劉再復：《性格組合論》（北京：中國人民大學出版社，2010年1月），頁63。
〔註4〕錢弘捷：〈戰後臺灣小說中老兵書寫的離散思維〉（臺南：國立成功大學臺灣文學研究所碩士論文，2005年6月）。

第一節　一九五〇至一九六〇年代

　　五〇至六〇年代正是「反共文學」當道的年代，老兵書寫中大多帶著「反攻大陸，解救同胞」的政治導向，除了反映當時的局勢，也崁入故鄉的記憶，流露思鄉情懷。反共與懷鄉，可謂是五〇年代臺灣文學的兩大支點，王德威在《如何現代，怎樣文學？》說：

> 反共和懷鄉是五〇年代意識型態中不可須臾分離的兩大支點，站在反共點上望去，一切的流離失所與不得歸，皆因共產黨而起，共產黨未滅家安在？一股懷鄉之情油然而生；站在懷鄉點上望去，為了返回鄉里，只能靠反共達成，在懷鄉的同時，反共意識也伴隨著而生。兩種意識的匯合，產生加強作用，強化彼此間的「回歸」意識，造成兩意識間的緊密連結，達到一體兩面的效用。〔註5〕

這個時期臺灣處於「反共抗俄」的年代，在風雨飄搖的政治局勢下，國民黨為了鞏固政權，以思想教育灌輸隨軍來臺的老兵，堅信「反共必勝，反攻必成」，以鼓舞士氣，讓這些正值青壯的老兵看見返鄉的曙光。回歸家鄉的意識，有如催化劑般強固老兵的忠貞思想，這也就是王德威所強調的，「反共」、「回歸」兩種意識的連結生發一體兩面的效用。齊邦媛也說：「光復後十年間，臺灣文壇上質量最豐的是被稱為『懷鄉文學』的作品。古往今來，人類對家鄉和往事的懷念一直是文學的主要體裁。」〔註6〕二戰終於 1945 年，國民政府收復臺灣，然相隔四年後臺灣卻成了國府反共復國的根據地；五〇至六〇年代小說，即呈現這些老兵期待反攻大陸、早日懷鄉的願景。

　　五〇至六〇年代臺灣小說老兵書寫的目地，是為了鞏固臺灣成為反共復國基地，並因應當時思想重建與改造的急迫性，其題材與構思一定會經過嚴格的審核，同時也必須配合國家政策導向並成為國家宣傳的機器，唯有如此才會有發表的機會。余昭玟在〈五、六〇年在政治局勢與文學空間〉也印證當時作家的難處：

> 結合懷鄉與反共，這類文學在國家政策的推波助瀾之下，成為五〇年代臺灣文壇的主軸。不過如果直接訴諸反共，以說教為基調，其

〔註5〕王德威：《如何現代，怎樣文學？》（臺北：麥田出版社，1998 年 10 月），頁83。

〔註6〕齊邦媛：《千年之淚‧時代的聲音》（臺北：爾雅出版社，1980 年 7 月），頁10。

　　有強烈政治色彩的話，其藝術性會大為降低，作品的內容或技巧都
　　淪為反攻宣傳的附庸，若能兼顧反共題材及文學技巧，才可以在當
　　時脫穎而出。〔註7〕

基於當時的政治氛圍，各文學作家的作品因而被侷限發揮的空間，進而直接
影響五〇至六〇年代老兵書寫出版篇數，且當時國家正處於動盪不安的局面，
對於作品的蒐整與保留勢必有所缺憾。另外也有取材的問題，當時隨國民黨
來臺的軍人，除了指揮職的軍、士官，大部分正值二十多歲或更年輕，就如
段彩華是幼年兵出身般，在國民黨整軍經武勵精圖治的重要階段，能夠退伍
的軍人一定是有極特殊原因，能夠描寫的對象自然有限。除此，在六〇年代
裡，第二代作家尤其是本省籍，仍處在學階段且未達到服兵役的年齡，故無
接觸老兵的機會，這也是影響篇幅產出的原因之一。

　　有關五〇至六〇年代臺灣小說老兵書寫篇目，研究者尋得 10 篇，如表
列 3-1。

表 3-1：一九五〇至一九六〇年代臺灣小說老兵書寫之篇（書）目

項次	篇　名	作　者	發表期刊／時間／頁碼	最早收錄書目／時間／頁碼
1	〈乾爹〉	靜痕	搜尋 1951～1954 年《文藝創作》雜誌目錄並沒有發現，創作時間應早於 1954 年 5 月結集成冊以前。	《自由中國文藝創作集》／1954 年 5 月／284～289。
2	〈老兵〉	依風露	同上。	《自由中國文藝創作集》／1954 年 5 月／290～299。
3	〈老兵〉	王臨泰	《軍中文藝》第 4 期／1954 年 4 月／35～36。	
4	〈老兵〉	宣建人	《文藝創作》第 47 期／1955 年 3 月／宣建人～1。	
5	〈老兵〉	王鳴琴	《中華文藝》3 卷 3 期／1955 年 9 月／9～10。	
6	〈將軍族〉	陳映真	《現代文學》第 19 期／1964 年 1 月。	《陳映真小說選》／1985 年 12 月／1～18。

〔註7〕余昭玟：《從邊緣發聲——臺灣五、六〇年代崛起的省籍作家群》（臺南：國
　　　立臺灣文學館，2012 年 10 月），頁 34。

7	〈龍天樓〉	王文興	《現代文學》第 27 期／1966 年 2 月。	《十五篇小說》／1979 年 9 月／189～259。
8	〈歲除〉	白先勇	《現代文學》第 32 期／1967 年 8 月。	《遊園驚夢》／1968 年 10 月／71～86。
9	〈梁父吟〉	白先勇	《現代文學》第 33 期／1967 年 12 月。	《遊園驚夢》／1968 年 10 月／87～101。
10	〈那片血一般紅的杜鵑花〉	白先勇	《現代文學》第 36 期／1969 年 1 月。	《臺北人》／1971 年 4 月／113～130。

（研究者整理）

　　以下茲就上表篇目，擇取具有宣傳性質及有欲突破反共文學禁錮的小說，依序就靜痕〈乾爹〉、依風露〈老兵〉、陳映真〈將軍族〉、白先勇〈歲除〉等四篇，分別說明其內容與特色。

一、靜痕〈乾爹〉（1954）

　　靜痕（本名：胡正羣，1927～）是江蘇省句容縣人，中華民國專欄作家協會會員，他也曾與高陽、楚戈及尼洛是臺北市前團管區司令部地區戰鬥文藝營工作大隊的成員，因而躋身為反共文學作家一份子。〈乾爹〉內容強調結合國家主義政策的重要性。小說裡的老兵忠貞不二，表現反攻大陸、回歸家園的憧憬，抱持指日可待的看法，營造出勝利曙光的微露；並預言中共暴政必亡，反攻復國、光復大陸的歷史使命必將達成。其次，宣導、輔導老兵退伍後就業與就養的政策推行，規劃出事業第二春的願景，建構出卸下戎裝的老兵，仍可以繼續為國效力的藍圖，更描繪出退伍後受到政府照顧的安逸生活。這篇小說明顯是反共文學的代表，負起為國家宣揚的重責大任，故內容沒有呈現老兵退伍後的真實生活與族群互動，這也使得文本成為規範性的建構。

二、依風露〈老兵〉（1954）

　　依風露（本名：依凡，1918～1996）瀋陽市人，曾任報社主筆、南京《中國日報》總編輯，他的文學創作皆以「闡揚人性、崇尚自由」為個人風格，因此在這篇小說所闡述的也正是人性本善的發揮。〈老兵〉主要人物有退伍老兵的黃者興和其呆痴的兒子、貪污瀆職的廖課員和工頭，再加上臺籍工作伙伴陳阿福。小說中黃者興是一位赤膽忠誠的國家主義者，重視傳統中國的孝道，並盡忠職守，以強調自己是中國人的身分；無法接受當時的臺灣人，尤其對

於臺灣人以日語交談的現象，相當排斥。他從部隊退伍，心中懷抱著返鄉的夢想依然不變。小說塑造「愛國愛民，堅決反共」的老兵形象，文末安排已有身孕的陳阿福妻子來投靠畢生節儉的黃者興，黃者興竟把省吃儉用準備蓋宿舍的積蓄，全數交給陳阿福。不僅展現老兵的忠義精神，更隱含族群融合的意識，建構出社會和諧的榮景。小說描寫老兵憨厚的本性，在臺灣生活的他們，即使語言不通，卻能以大中國胸懷的包容，不分族群互信互助，化解省籍與文化的差異性。

三、陳映真〈將軍族〉（1964）

陳映真（本名：陳永善，1937～2016）祖籍福建省安溪縣，出生於苗栗竹南，設籍於新北市鶯歌，1996年曾獲中國社科院授予榮譽高級研究員。〈將軍族〉描寫下層社會所發生的愛情故事，男、女主角分別來自大陸及出生在臺灣，都是社會邊緣的小人物。情節緊扣於老兵對於「家」的嚮往，少女對於「家」又愛又恨的情結。陳映真以極其簡約的風格，交錯過去與現在，勾勒出主角內心的變化與情慾的糾結。陳芳明說：「這篇小說引起廣泛討論的原因，在於它處理外省老兵與本省少女之間的情感。不斷遭到出賣的少女，彷彿暗喻臺灣的歷史命運；而被迫在臺流亡的老兵，則似乎隱射中國在近代史上受挫的宿命。小說宣告雙方的結果是不可能的，最後安排這位畸零人選擇了自殺的結局。這種跨越省籍界線的愛情結合，往往在陳映真小說裡歸於破滅。」〔註8〕這部小說跨越省籍界線的愛情書寫，藉男、女的「身分」與對「家」的想像，反映出變音走調的人生。

四、白先勇〈歲除〉（1967）

白先勇（1937～）廣西省桂林市人，父親是國民黨白崇禧將軍，身為外省第二代又為軍人子弟的他，自幼目睹抗戰、國共內戰的慘烈，周遭所接觸的外省老兵大都為父親的部屬，其小說生動地刻劃出外省老兵的離散哀愁與思鄉之情。他在六〇年代發表三篇有關老兵書寫：〈歲除〉、〈梁父吟〉（1967）、〈那片血一般紅的杜鵑花〉（1969），其中〈歲除〉的賴鳴升，是在醫院廚房工作的單身退役老兵，除夕夜依照往例，來到昔日營長劉姓夫婦家一起「圍爐」吃年夜飯。在年終歲末的晚上，賴鳴升一面吃著年夜飯，一面回憶「當年勇」，

〔註8〕陳芳明：《臺灣新文學史（上）》，頁390。

談到在抗日從軍時個人的豐功偉業，包括在「臺兒莊之役」〔註9〕奮戰不懈，也感嘆的提到退伍後所經歷的挫折，為了娶妻成家而遭到山地姑娘騙婚，整筆退伍金被花光。賴鳴升雖平淡一生，但也曾經參與保國衛民的大、小戰役，堪稱是一生戎馬、出生入死的革命軍人。這篇小說透過今／昔、大陸／臺灣的對比，描寫曾建立豐功偉業的老軍人，退伍轉業後反倒成為一位在榮民醫院的買辦，唱出老軍人生命的輓歌。除此，白先勇的〈梁父吟〉、〈那片血一般紅的杜鵑花〉，內容風格與〈歲除〉相近，書寫老兵從英姿縱橫轉變有志難伸的沮喪，在傷感緬懷中等待死亡。

五〇年代雖然已有部分老兵轉業或退伍，但在那時海峽兩岸仍有戰事發生，尤其是在中共「血洗臺灣」口號威脅下，國府積極的整軍經武，為了穩定軍心及鼓舞民心士氣，在文宣必須要走上教條式的反共文學，很明顯地靜痕〈乾爹〉、依風露〈老兵〉傳達鮮明的反共懷鄉意識。然至六〇年代陳映真的〈將軍族〉和白先勇的〈歲除〉、〈梁父吟〉、〈那片血一般紅的杜鵑花〉，則跳脫反共懷鄉的兩大支柱，前者關注老兵在臺的婚姻遭遇；後者則著重老兵苦悶、焦慮、孤獨的情緒。

第二節　一九七〇至一九八〇年代

七〇年代是中華民國政治外交史上最慘澹、坎坷時期〔註10〕，1971 年退出聯合國後，其他各國相繼與我國斷交而承認中共；1975 年先總統蔣公逝世，整個國家處於風雨之中。整個政經社會條件的改變也影響臺灣文學的發展，七〇年代被定位為臺灣鄉土文學運動時期〔註11〕，陳芳明在《臺灣新文學史》提及：

〔註9〕民國二十七年三月底至四月初，國軍湯恩伯、孫連仲等部，大敗日軍於魯南臺兒莊，日軍被殲者三萬餘人，造成抗戰初期之光榮勝利。李守孔：《中國現代史》（臺北：三民書局股份有限公司，1983 年 9 月），頁 113。

〔註10〕一九七一年十月聯合國大會遂通過驅逐中華民國的聯合代表權，並恢復中華人民共和國席位的決議。受到喪失聯合國代表權的影響，隨後就有二十多個國家宣布與中華民國斷交而承認中共。蘇啟明：《中國現代史》（臺北：五南圖書出版社，1996 年 11 月），頁 369。

〔註11〕在七〇年代末期的鄉土文學論戰時期裡，農民文學是鄉土裡一枝獨秀的文學領域（genre）。……鄉土文學是現實主義文學，它擁有濃厚的反體制觀念及深厚的人道主義關懷。葉石濤：《臺灣文學的困境・回饋無路》（高雄：色派文化出版社，1992 年 7 月），頁 87。

在這個階段，新世代作家也初次在臺灣文壇登場，他們的價值與思維的方式，確實與具有戰爭年代經驗的世代截然不同。他們看到的臺灣，是富於勃勃生機的社會，與上個世代所懷抱的悲情記憶，似乎存在著巨大落差。上世代看到的是歷史，這個世代見證的是事實，兩種視野決定各自不同的文學內容。前世代作家無論是生在臺灣或來自大陸，都背負著沉重的歷史包袱。外省作家的深沉思考裡，都有一個回不去的鄉土。本地作家在他們的感情深處，存在著一個受苦受難的鄉土。〔註12〕

精神的漂泊遊蕩，可說是臺灣戰後初期二十年的文學基調；外省作家無法回到自己的鄉土，本地作家則找不到自己的故鄉，兩者都帶有強烈的流亡意味。在七○年代老兵書寫的文本中即具有強烈的流亡意味，一直延續至八○年代仍充滿對老兵離鄉背景的悲憫情懷，彭瑞金在《臺灣新文學運動40年》說明八○年代老兵文學的特色：

老兵文學的確是八○年代文學悲憫的焦點。當然四○年代國民政府帶來臺灣的數十萬軍人。有不少人是拋家棄子隔海思鄉數十年，更有不少始終未能成家，當年華老去，感情無所寄託，物質生活也都窘困，這麼一群老兵世界堪稱是人類文明史上絕無僅有的人文奇觀，也是隨便一碰觸，便要鮮血淋漓的社會痛處，吸引了作家的悲憫心懷。〔註13〕

其實自七○、八○年代以來，由於社會的變動與政治體制的鬆綁，呈現多元文化的特徵；又由於人權意識的提高，帶動了各種新興的社會運動，正如葉石濤所說：「邁入一九八○年代，臺灣文學可以預卜將有另一個更豐富的收穫；……使我們的文學更能正確的反應真實的民眾生活，完成了歷史性革命。」〔註14〕而老兵書寫也達到了最高峰，堪稱是文學悲憫的焦點。這個階段書寫老兵故事的作家，出身背景有二，其一是在眷村長大的眷二代，如白先勇、朱天文、張大春及蘇偉貞等，他們吸取左鄰右舍父執輩的軍中回憶，或袍襗

〔註12〕陳芳明：《臺灣新文學史（下）》（臺北：聯經出版事業股份有限公司，2012年10月），頁556。

〔註13〕彭瑞金：《臺灣新文學運動40年》（高雄：春暉出版社，1997年8月），頁225、226。

〔註14〕葉石濤：《臺灣文學的回顧》（臺北：九歌出版社有限公司，2004年11月），頁98。

之間的軼聞瑣事，編織老兵故事。其二是在服兵役時融入老兵相處的經驗，如履彊、王幼華與黃克全等，軍中老兵多數單身，往往把這些年輕人視如己出，講述離鄉、戰爭等經驗也就成為平時互動的橋樑。整體而言，老兵書寫在外省與本省籍作家的努力深耕之下，已交織成一部外省老兵族群的滄桑史。

有關七〇至八〇年代臺灣小說老兵書寫之篇（書）目，研究者尋得 54 篇，如表列 3-2。

表 3-2：一九七〇至一九八〇年代臺灣小說老兵書寫之篇（書）目

項次	篇　名	作　者	發表期刊／時間／頁碼	最早收錄書目／時間／頁碼
1	〈老刀疤〉	姜穆		《淑女》（臺中：雲天出版社）／1970 年 12 月。
2	〈國葬〉	白先勇	《現代文學》第 43 期／1971 年 5 月。	《臺北人》（臺北：晨鐘出版社股份有限公司）／1971 年 4 月／275～290。
3	〈陸軍上士陶多泉〉	方方	《七十年代》總 46 期／1973 年 11 月。	《臺灣小說選》（北京：人民文學出版社）／1979 年 12 月。
4	〈見習官〉	廖蕾夫	1976 年投聯合報第一屆小說未得獎。	《隔壁親家》／1991 年 5 月／17～41。
5	〈冬祭〉	丁亞民		《小說潮·聯合報第一屆小說獎作品集》（臺北：聯經出版事業公司）／1976 年 12 月／1～27。
6	〈相親〉	蔣勳	《現代文學》復刊一號／1977 年 7 月。	
7	〈宋班長〉	履彊		《飛翔之鷹》（臺北：皇冠文化出版有限公司）／1978 年 4 月。
8	〈雞翎圖〉	張大春	《中國時報》／1978 年 11 月 3～4 日。	《時報文學獎（第一屆）》（臺北：時報文化）／1979 年／203～223。
9	〈蠱〉	履彊	《民眾日報》／1978 年 12 月 27～28 日。	《履彊集》（臺北：前衛出版社）／1992 年 4 月／41～58。

10	〈排附與我〉	履彊	國軍十五屆短篇小說銀像獎／1979年。	《雪融千里》（臺北：采風出版社）／1982年7月。
11	〈老兵、鴨子、我〉	羅晃		《中副選集》第十七輯（臺北：中央日報社）／1977年6月。
12	〈夜半琴聲〉	吳錦發	《民眾日報》／1979年9月。	《放鷹》（臺北：東大圖書有限公司）／1980年4月／71～94。
13	〈故事〉	鍾延豪	《臺灣文藝》第64期／1979年11月。	《鍾延豪集》（臺北：前衛出版社）／1992年4月／197～219。
14	〈髮〉	履彊	《臺灣文藝》第64期／1979年11月。	
15	〈奴才〉	東方白	《民眾日報》／1979年8月20～21日。	《東方寓言》（臺北：爾雅出版社）／1979年9月／195～214。
16	〈金排附〉	鍾延豪	《民眾日報》／1979年8月29～30日。	《六十八年短篇小說選》（臺北：東大圖書有限公司）／1980年6月／93～116。
17	〈南山村傳奇〉	王幼華	《民眾日報》／1980年1月。	《王幼華作品集（一）》（苗栗：苗栗縣文化局。）／2006年10月／95～118。
18	〈天魁草莽錄〉	王幼華	《中外文學》8卷8期／1980年1月／102～119。	《王幼華作品集（一）》（苗栗：苗栗縣文化局。）／2006年10月／65～94。
19	〈夜鄉淚〉	鍾延豪	《臺灣文藝》第67期／1980年6月。	《鍾延豪集》（臺北：前衛出版社）／1992年4月／221～247。
20	〈冷熱胸膛〉	黃驗	《聯合報》／1980年11月20日。	《青春泉》（臺北：聯合報社）／1981年／431～454。
21	〈有應公殿下慈悲〉	王幼華	《中外文學》9卷8期／1981年1月／120～124。	《王幼華作品集（一）》（苗栗：苗栗縣文化局）／2006年10月／195～201。
22	〈市井傳奇〉	洪醒夫	《自由日報》／1981年1月5～6日。	《洪醒夫集》（臺北：前衛出版社）／1992年4月／143～160。

23	〈院中故事〉	舒暢		《院中故事》（臺北：九歌出版社有限公司），1981年3月。
24	《未了》	朱天心		《未了》（臺北：聯經出版社）／1982年4月。
25	〈兄弟〉	吳錦發	《臺灣文藝》第73期／1981年7月。	《吳錦發集》（臺北：前衛出版社）／1992年4月／77～96。
26	〈兄弟倆〉	王幼華	《中外文學》10卷3期／1981年8月／156～170。	《王幼華作品集（一）》（苗栗：苗栗縣文化局）／2006年10月／277～301。
27	〈大橋下的海龜〉	吳錦發	《益世雜誌》一月號／1982年1月。	《吳錦發集》（臺北：前衛出版社）／1992年4月／97～111。
28	〈小畢的故事〉	朱天文	1982年5月完成，發表於《聯合報》「愛的故事」徵文專題。	《朱天文電影小說集》（臺北：遠流出版公司）／1991年1月／9～21。
29	〈母子〉	履彊	完成於1983年。	《無愛》（臺北：皇冠文化出版有限公司）／1986年10月。
30	〈將軍之淚〉	黃凡	《聯合報》／1983年5月。	《黃凡集》（臺北：前衛出版社）／1992年4月／221～246。
31	〈孽子〉	白先勇	《現代文學復刊》第1～12期／1977年8月。	《孽子》（新北市：遠景出版社）／1983年3月。
32	〈自由鬥士〉	黃凡	《前衛叢刊》第14卷／1983年5月。	《自由鬥士》（臺北：前衛出版社）／1983年11月。
33	〈狙擊〉	履彊	《自立晚報》／1984年1月25日。	
34	〈兩個爸爸〉	履彊	《臺灣時報》／1984年3月30日～4月1日。	《無愛》（臺北：皇冠文化出版有限公司）／1986年10月／9～41。
35	〈幸福餐廳〉	曾永莉	《中外文學》13卷2期／1984年7月／166～178	《七十三年短篇小說選》（臺北：爾雅出版社）／1985年4月／129～145。
36	*〈生涯〉	蘇偉貞	1984年國軍文藝金像獎／短篇小說金像獎。	《離家出走》（臺北：洪範書店）／1987年2月／125～149。

37	〈袍襗〉	蘇偉貞	1985 年國軍文藝金像獎／短篇小說金像獎。	《熱的絕滅》（臺北：洪範書店）／1992 年 5 月／165～191。
38	*〈菩提樹〉	王幼華	《自立晚報》／1985 年 4 月 245 日。	《慾與罪》（臺中：星辰出版社）／1986 年 3 月／65～71。
39	〈無愛〉	履彊	《聯合文學》第 16 期／1986 年 1 月。	《無愛》（臺北：皇冠文化出版有限公司）／1986 年 10 月／41～74。
40	〈老楊和他的女人〉	履彊	《聯合報》／1986 年 5 月 5 日。	《我要去當國王》（臺北：聯合文學出版社有限公司）／1991 年 3 月／173～182。
41	〈將軍〉	方娥真	《中央日報》／1986 年 8 月 24～25 日。	《神州文集第 2 號》（臺北：皇冠文化出版有限公司）／1978 年 10 月／17～33。
42	〈將軍碑〉	張大春	《中國時報》／1986 月 10 月 3～4 日。	《將軍碑：第九屆「時報文學獎」得獎作品集》（臺北：時報文化出版企業股份有限公司）／1986 年 12 月／13～35。
43	〈柯思里伯伯〉	苦苓	《文學界》第 23 集／1987 年 8 月。	《外省故鄉》（臺北：希代書版有限公司）／1988 年 7 月／11～34。
44	〈四喜憂國〉	張大春	《聯合文學》第 38 斯期／1987 年 12 月。	《四喜憂國》（臺北：遠流出版事業股份有限公司）／1988 年 6 月／125～145。
45	〈江見亞〉	林柏燕	《中國時報》／1988 年 1 月 13～16 日。	
46	〈銅像店韓老爹〉	李潼	《自立早報》／1988 年 5 月 16～17 日。	《屏東姑丈》（臺北：遠流出版公司）／1991 年 4 月／63～83。
47	〈兩岸〉	履彊	《中央日報》／1988 年 2 月 8～10 日。	《我要去當國王》（臺北：聯合文學出版社）／1991 年 3 月／81～107。
48	〈海與大地〉	宋澤萊		《打牛湳村》（臺北：遠景出版社）／1978 年 9 月／17～48。

49	〈最後的士兵〉	黃克全	《自立晚報》／1988 年 6 月 2～7 日。	
50	〈張龍趙虎〉	苦苓		《外省故鄉》（臺北：希代書版股份有限公司）／1988 年 7 月／35～48。
51	〈信〉	履彊	《中國時報》／1989 年 3 月 15 日。	《我要去當國王》（臺北：聯合文學出版社）1991 年 3 月／163～171。
52	〈大朋友〉	亮軒		《江湖人物》（臺北：漢藝色研文化事業有限公司），1989 年 7 月／98～117。
53	〈太平市場大事記〉	羊恕	《臺灣新聞報》／1989 年 9 月 18～24 日。	《太平市場大事記》（臺北：遠流出版公司）／1990 年 10 月／7～43。
54	〈婚事〉	履彊	《聯合文學》第 62 期／1989 年 12 月。	

附註：＊代表新增文本　　　　　　　　　　　　　　　　　（研究者整理）

　　以下針對上表篇目，揀選描述老兵節操表揚與婚姻悲情的小說，依序就張大春〈雞翎圖〉、履彊〈蟲〉、朱天文〈小畢的故事〉、蘇偉貞〈袍襗〉等四篇，分別說明其內容與特色。

一、張大春〈雞翎圖〉（1978）

　　張大春（1957～）山東省濟南市人，從小在眷村長大的張大春，對於長輩的「鄉愁」當是不陌生。〈雞翎圖〉述說主角蔡其實將負責照顧的雞移情權充親人的無奈，並描寫駐紮鄉間的國軍部隊為不浪費人力地利，於閒暇時養雞以進行簡單的經濟生產。然而每當部隊移防，排長命令將雞隻全數變賣，總是引發蔡其實再度離開親人的痛苦掙扎，他甚至為了維護雞隻無價的尊嚴，不惜手刃這些雞也不讓雞販收購。蔡其實將一窩雞當作是自己家人看待，甚至是「真正的」家人——黑雞「二楞子」乃是他弟弟的化身，另一隻大公雞「大柱子」就是蔡其實自己的乳名，彷彿弟弟與他仍形影相隨。雖然部隊移防是稀鬆平常之事，但對蔡其實來說，所面對的卻是再一次背叛他的家人；換言之，他實在無法將這移情如家人的三十幾隻雞當作可以賣錢的禽類，當他對著雞販大吼：「蔡其實沒有賤價錢！」一語雙關地說明「大柱子／蔡其實」孤芳自賞的強傲骨氣，並透露必要時不惜犧牲的堅定決心。最後他抱著自認

是救贖的想法，親手扭斷「大柱子」和「二楞子」的脖子，隱含著革命軍人為了理念而捨身為國，導致家破人亡的悲劇。〈雞翎圖〉寫的是臺灣社會外省老兵的孤絕命運，一生陷入了為國犧牲的泥沼無法自拔。

二、履彊〈蟲〉（1978）

履彊（本名：蘇進強，1953～）臺灣省雲林縣人，初中畢業就讀陸軍第一士校，並以第一名保送陸軍官校，服役二十多年，又考入軍事最高學府三軍大學的戰略研究所，以上校指揮官退伍。履彊在軍中服務期間，部隊中仍有外省老兵，只是隨著光陰的流逝，一個個卸甲歸田成為榮民老伯伯。履彊藉職務之便，更了解他們的過往經歷與內心世界。〈蟲〉以李振為主角，故事人物還有他哥哥的遺孀素怡、兩個姪子阿波與阿清，以及李振服役時視為義父的士官長老郎。小說描寫李振的哥哥過世後，他無法接受嫂嫂對他的曖昧行為，讓嫂嫂素怡嫁給士官長老郎，老郎在長期生理的壓抑下，性生活因此而得到了滿足。由於素怡平時水性楊花且好賭成性，婚後將老郎的房契與田地，全部輸給外庄的賭棍。又素怡的兩個兒子竊取老郎藏在舊木箱的金子，讓心灰意冷的老郎在颱風天上吊自殺。這故事藉著老郎的自盡，來凸顯外省老兵在臺灣婚姻的悲哀。

三、朱天文〈小畢的故事〉（1982）

朱天文（1956～）山東省臨朐縣人，她的父親是知名軍中作家朱西甯、母親劉慕沙也是一位名作家，身為軍眷又是眷二代，在父母親的薰染下深植文學創作的根基。〈小畢的故事〉中的小畢，母親未婚時生下他，處於一個單親的家庭，意識裡五歲才有「父親」這個名詞。畢媽媽帶著他嫁給了一個隨國民黨來臺的軍人，保障了小畢未來的生活與教育。畢伯伯在大陸時已有妻室，國共內戰時因逃難而失聯。迷惘的小畢夾雜於兩個破碎家庭的結合，總是將感受隱藏在內心深處。忽然有了父親的小畢，在成長過程中總是帶著缺陷，有一次偷錢因不服管教而對畢伯伯發出：「你打我，你不是我爸爸你打我」的怒吼。畢媽媽很生氣地要小畢下跪，這更讓畢伯伯氣顫道：「我不是你爸爸，我沒這個好命受你跪，找你爸爸去跪。」導致畢媽媽因而心痛疾首，賭氣自盡。這也成為小畢報考空軍官校，成為軍人的重要關鍵。從年少輕狂的懵懂無知，到成年的成熟穩重，傳達早期臺灣眷村生活的真切與感懷。這部小說反映外省老兵與本省妻子之間文化的差異性，以及眷村第二代從軍的心路歷程。

四、蘇偉貞〈袍襗〉（1985）

　　蘇偉貞（1954～）廣東省番禺縣人，高中畢業後即報考政治作戰學校影劇系，投身軍旅，是軍眷亦為眷二代，生長於臺南市眷村。在陸軍任職多年，曾擔任政戰官，藉職務之便來往於基層單位，得以接觸老兵的生活。〈袍襗〉主角是旅長傅剛，任職於陸軍總部。江龍是在臺隻身的老兵，許多跟江龍一樣的老兵，無怨無悔的獻身軍旅，時時準備犧牲保衛國家而戰。周成斌是傅剛所器重的初生之犢，也交代江龍好好的調教與照顧。颱風來襲，部隊加強戒備防颱，周成斌為了強關水道閘門，不甚掉入急流中，所幸因江龍搶救周成斌得以保命，但江龍卻被沖走溺斃。蘇偉貞畢業於軍校，對軍中生活有其熟悉度，這篇小說題為「袍襗」，在軍中意謂著如父如子、如兄如弟的情誼，且更甚於親情，藉此表露軍中大家庭的溫馨感人，也把老兵的赤誠忠心發揚出來。除此，小說也反映軍人眷屬平日無所依的勇敢堅強，可見女性作家關注的家庭面向。

　　由以上四篇小說，張大春〈雞翎圖〉的老兵是屬於「寧為玉碎、不為瓦全」的忠貞性格，因為「國共內戰症候群」心理上無法排解鄉愁，而罹患所謂憂鬱與躁鬱上的精神病症，歷史有如利刃，無情插進老兵心中，讓他們痛至生命的終點。履彊〈蠱〉則是顧家愛妻卻被騙的老兵，最後因太太與繼子的背叛而選擇自盡，也凸顯出老兵為滿足生理需求而將就結婚的悲劇。朱天文〈小畢的故事〉是一位續弦再娶的老兵，雖然被繼子忤逆且妻子羞愧自殺，仍以包容的態度繼續經營家庭，是一個典型忠厚老實的寫照。蘇偉貞〈袍襗〉中的老兵造型，是負有忠孝節義的內涵，最終犧牲生命以完成長官所託付的使命，充分詮釋軍中袍襗的情義。從這四篇小說，彰顯老兵生命的滄桑與可貴的人性。

第三節　一九九〇年代之後

　　1987 年臺灣解嚴，政府開放兩岸探親，當年隨中華民國政府來臺灣的外省人，可以自由返回中國大陸探親。退守臺灣的中華民國政權為了確保不再失守，最初國家治理方針著重於思想、言論與行為的控管，也就是所謂的權威化統治，因而實施戒嚴。解嚴後隨著大陸探親的風潮，「家鄉」在文學上的定位就不再執著於過往的悲情，如九〇年代老兵書寫的代表作段彩華的《北

歸南回》，從中就會感覺到和平與希望的曙光，從悲情氣氛轉化為喜劇收場。

隨著政治與社會環境的變遷，臺灣老兵書寫的主題，從五〇、六〇年代的反共懷鄉意識；七〇、八〇年代反映在臺放逐漂泊的境遇；到九〇年代關注返鄉探親之後的身分認同。九〇年代之後臺灣小說的老兵書寫，最大的限制在於多數老兵已凋零不在，新一代的年輕作家無法如七、八〇年代，只要在軍中服役就有機會與老兵相處。這時大部分的小說出自外省第二代(或稱之為眷二代)，他們依然能在父執輩中挖掘珍貴的過往，或隨他們返鄉探親而編織出動人的探親小說。

有關九〇年代之後臺灣小說老兵書寫之篇目，研究者尋得 37 篇，如表列 3-3。

表 3-3：一九九〇年代之後臺灣小說老兵書寫之篇（書）目

項次	篇　名	作　者	發表期刊／時間／頁碼	最早收錄書目／時間／頁碼
1	〈黃昏之眼〉	張讓	《中華日報》／1990 年 6 月 9～10 日。	《七十九年短篇小說選》（臺北：爾雅出版社）／1991 年 2 月／111～137。
2	〈清晨茉莉〉	賴香吟	《聯合報》／1990 年 8 月 11～14 日。	《七十九年短篇小說選》（臺北：爾雅出版社）／1991 年 2 月／141～164。
3	〈鹹魚〉	黃克全	《自立晚報》／1990 年 12 月 12～13 日。	
4	〈謊言〉	黃克全	《自立晚報》／1991 年 1 月 6 日。	《爾雅短篇小說選：爾雅創社二十五年小說菁華》（臺北：爾雅出版社）／2000 年 5 月／563～571。
5	〈孤軍〉	陳謙	《臺灣文藝》創新 9 號（總號 129）／1991 年 2 月。	
6	〈新娘子〉	黃克全	《民眾日報》／1991 年 7 月 11～13 日。	
7	《煙村四五家》	李仁傑		《煙村四五家》（臺北：采風出版社）／1990 年 5 月。
8	*〈想我眷村的兄弟們〉	朱天心	《中國時報》／1991 年 9 月 10～11 日。	《八十年短篇小說選》（臺北：爾雅出版社）／1992 年 4 月／143～169。

9	《那年在特約茶室》	舒暢		《那年在特約茶室》（臺北：九歌出版社有限公司）／1991 年 9 月。
10	〈保衛臺灣〉	張啟疆	《中時晚報》／1992 年 1 月 10 日。	《消失的□□：張啟疆的眷村小說》（臺北：九歌出版社有限公司）／1996 年 11 月／130～33。
11	〈異鄉人〉	遠人	《中國時報》／1992 年 10 月 3 日。	《異鄉人：第十五屆時報文學獎得獎作品集》（臺北：時報文化出版企業股份有限公司)1992 年／38～65。
12	〈慈母灘碑記〉	王幼華	《自立晚報》／1993 年 3 月 30 日。	《最後的黃埔：老兵離散的故事》（臺北：麥田出版）／2004 年 3 月／63～69。
13	〈火狼人〉	黃克全	《中時晚報》／1993 年 10 月 3 日。	
14	〈都是那個祈家威〉	履彊	《聯合文學》第 110 期／1993 年 12 月。	《八十二年短篇小說選》（臺北：爾雅出版社）／1993 年 4 月／312～339。
15	〈遺囑〉	張啟疆	《中時晚報》／1993 年 12 月 12 日。	《消失的□□：張啟疆的眷村小說》（臺北：九歌出版社有限公司）／1996 年 11 月／134～137。
16	〈楓樹下〉	鄭清文	《臺灣文藝》／1994 年。	《鄭清文短篇小說全集 6——白色時代》／（臺北：麥田出版社）／1998 年 6 月／101～120。
17	〈故事：一個無稽可考的大刀隊傳說〉	張啟疆	《自立早報》／1994 年 1 月 19～29 日	《消失的□□：張啟疆的眷村小說》（臺北：九歌出版社有限公司）／1996 年 11 月／138～171。
18	〈回家的方式〉	萬吉祥	《臺灣文藝》新生版 2 期／1994 年 4 月。	《李喬短篇小說精選集》（臺北：聯經出版社）／2000 年 11 月／248～264。
19	〈君自他鄉來〉	張啟疆	《聯合文學》第 128 期／1995 年 6 月。	《消失的□□：張啟疆的眷村小說》（臺北：九歌出版社有限公司）／1996 年 11 月／181～215。

20	〈踟躕之谷〉	李渝	《聯合報》／1995 年 8 月 9～11 日。	《踟躕之谷》（臺北：麥田出版）2002 年／81～98。
21	〈一千二百三十點〉	張曉風	《聯合報》／1996 年 4 月 14～15 日。	《八十五年短篇小說選》（臺北：爾雅出版社）／1997 年 2 月／122～137。
22	〈巢渡〉	張瀛太	第二屆府城文學獎小說首獎，1996 年 5 月。	《巢渡》（臺北：遠流出版公司）／1996 年 6 月／47～85。
23	〈老人家〉	張啟疆	《聯合報》／1996 年 11 月 4～5 日。	《美麗新世界：聯合報文學獎一九九六卷》（臺北：聯合報社出版）／1996 年 11 月／155～171。
24	〈沒人寫信給少將〉	郭庭彰	《青年日報》／1996 年 11 月 5～6 日。	《八十五年短篇小說選》（臺北：爾雅出版社）／1997 年 2 月／272～289。
25	〈純真年代：囍宴〉	彭小妍	《聯合報》／1997 年 8 月 14～15 日。	《八十六年短篇小說選》（臺北：爾雅出版社）／1998 年 4 月／197～208。
26	〈老魏的冬天〉	亮軒	《中國時報》／1998 年 12 月 4～6 日。	
27	〈冬之旅〉	郝譽翔	《聯合文學》第 179 期／1999 年 9 月／82～105。	《逆旅》（臺北：聯合文學出版社）／2000 年 2 月／119～129。
28	〈冰冷的月色〉	履彊		《少年軍人記事》（臺北：聯合文學出版社）／1999 年 11 月。
29	〈軍營某夜事情〉			
30	〈魔鬼隊長的眼淚〉			
31	〈相互煨暖的靈魂〉			
32	《西拉雅末裔潘銀花》	葉石濤		《西拉雅末裔潘銀花》（臺北：草根出版事業有限公司）／2000 年 1 月。
33	《月球姓氏》	駱以軍		《月球姓氏》（新北市：聯合文學出版社）／2000 年 11 月。

34	〈忠孝公園〉	陳映真	《聯合文學》第 201 期／2001 年 7 月／34～74。	《忠孝公園》（臺北：洪範書店有限公司）／2001 年 10 月／125～229。
35	《北歸南回》	段彩華		《北歸南回》（臺北：聯合文學出版社）／2002 年 6 月。
36	《聆聽父親》	張大春		《聆聽父親》（臺北：時報文化出版企業股份有限公司），2003 年 7 月。
37	*《走過》	巴代		《走過》（新北市：INK 印刻文學生活雜誌出版有限公司）／2010 年 6 月。

附註：*代表新增文本　　　　　　　　　　　　　　　（研究者整理）

　　以下依序就朱天心〈想我眷村的兄弟們〉、張曉風〈一千二百三十點〉、郝譽翔〈冬之旅〉、巴代《走過》，分別說明其內容與特色。

一、朱天心〈想我眷村的兄弟們〉（1991）

　　朱天心（1958～）山東省臨朐縣人，〈想我眷村的兄弟們〉中單身的外省老兵，都被朱天心稱為老X。生活在眷村裡的老X們，被作者刻意寫入小說中，用意在探討這些壯年老兵心理偏差的現象，幾乎發生在每一個眷村之中，被性騷擾的「小玲」不只一位；但朱天心所寫的小玲卻是不幸中的大幸，因為她們保住完璧之身。老X代表隻身在臺生活的老兵，因為十幾歲就跟著部隊持槍轉進移防，若是受教育程度不足，退伍後便難找到工作，僅靠微薄的退伍金度日，當然就沒有能力娶妻成家。小說中也提到兩臂刺青的老X，為了返鄉而深怕被大陸官方扣押，亟欲尋求外科手術去除兩臂當年的政治口號；這種心態的老X就是國共內戰所埋下的後遺症，這些行為異常的老X，正是悲情時代影響所致。

二、張曉風〈一千二百三十點〉（1996）

　　張曉風（1941～）江蘇省銅山縣人，因父親工作之故，全家搬入屏東市青島街的眷村，作品大多是來自於左右鄰舍外省老兵的觀察。〈一千二百三十點〉中的主角人物唐大勝，是參與韓戰被遣返臺灣的一萬四千名反共義士之一，其身上的刺青在反共年代與解嚴前，它是一種榮耀的圖騰，之後卻成為遮遮掩掩的傷痕。小說一開始就描寫唐大勝到醫院消除刺青的情節，凸顯出

老兵在現代社會是備受歧視的族群。這些老兵為了不再被人所詬病，忍痛以醫學雷射打點方式除去刺青，治療過程中每打一點，就勾起在韓戰所受的創傷，篇名為〈一千二百三十點〉即比喻老兵身心的折磨。唐大勝原本打算在刺青除完後，回大陸與孫子長住；但看見刺青消失後，猛然發現中國大陸地圖不見了，決定以臺灣為家。「刺青」不只意謂戰爭的印記，更指向國家的認同。

三、郝譽翔〈冬之旅〉（1999）

郝譽翔（1969～）山東省平度縣人，父親是來自山東的退伍軍醫，父母在她出世後不久即離異，在父親缺席的家庭中與母親相依為命。〈冬之旅〉所描述的外省老兵正是她的父親，郝譽翔曾說過，寫小說的初衷是為人生尋求解釋，以這篇小說而言正是她對父親的釋懷。〈冬之旅〉以一生中始終缺席的父親作為說書人口中的敘述主體。1949 年，郝福禎身為流亡學生，僥倖在澎湖事件中逃脫，易名至臺，進入左營海軍擔任軍醫，娶本省少女水月為妻；在娘家省籍的排斥下，鬱鬱寡歡的水月與初生兒相繼因病過世。之後再婚，生下三女，因與診所護士發生曖昧關係遂而離異，女兒全歸妻子養育，他居無定所如同遊民。經歷漫長的歲月，妻女的怨恨及父女的疏離之下，父親形同妻女生命中的局外人。卻在即將回大陸再婚前，面對荒唐往事與三個女兒，七十歲滿頭花白的老人竟然低頭痛哭，表達當年無法返鄉的抑鬱。郝福禎在臺灣婚姻的失敗，隱喻外省老兵無法融入在地環境；再娶大陸妹，表示要達成回歸家鄉的心願。郝福禎終究放棄在臺灣的家，直奔原鄉，也意味著少數老兵仍有回歸大陸的意識。

四、巴代《走過》（2010）

巴代（漢名：林二郎，1962～）臺東縣人，卑南族。國中畢業就讀中正預校，並直升陸軍官校，之後服務於海軍陸戰隊，因病右眼失明轉任軍訓教官，以中校退役。巴代身為原住民且又是職業軍人，寫下族人被騙而強迫加入軍隊，遠赴大陸打一場事不關己的戰爭；小說情節正是他在部隊中帶兵的體會，有如身歷其境。《走過》敘述從日據時期在臺東的大巴六九部落的族人陳清山，被國軍以高薪工作的名義，引誘至從未到過的祖國參與國共內戰。在戰爭中死裡逃生，受傷被俘虜後反而成為解放軍幹部，在大陸成家立業。從來無法

彌補的鄉愁讓他不知流了多少淚水，直到四十七年後，終於踏上魂牽夢縈的歸鄉路。在多數臺灣人的想像中，「老兵」通常與眷村、外省籍、國民黨有所連結，此與 1945 年日軍戰敗撤退後，國民軍進駐臺灣的歷史有關。然而值得注意的是，國共戰爭時期的臺灣少年仔，曾因為當兵而成為流離於彼岸的另一群老兵。巴代透過《走過》關注倖存的他們如何在動盪時局下，漸進完成帶有混雜色彩的自我認同，由內而外長出力量，進而抵抗如荊棘般壓迫在身上的權力結構。

綜觀以上小說，在朱天心〈想我眷村的兄弟們〉與張曉風〈一千兩百三十點〉兩篇中，都有討論到曾參加韓戰老兵雙臂的刺青，而段彩華的《北歸南回》也把趙立和的刺青來指涉當年在韓國戰場的恐懼。外省老兵從幼年、青年、壯年，直到現在的蒼老與凋零，在不同年代的作家筆下各有其觀察的視角，就段彩華而言，在邁入二十一世紀的氛圍裡，特意要呈現外省老兵在臺灣的光明印記，並希望把上個世紀中華民族的浩劫化干戈為玉帛，期望臺灣海峽的海水不再被染紅。

小結

本章分為三個階段來回顧臺灣小說中的老兵書寫，可見牽動每個階段書寫的最大因素在於國家政治的導向，尤其是前兩個階段文學創作必須配合國家機器，一如陳芳明所言：「從一九五〇至一九七〇年代，威權體制確實干擾了每個作家的身體與思考。」〔註15〕1987 年蔣經國總統宣布解嚴，葉石濤認為給臺灣帶來的是雪融，雪融時代也就是指向自由化和民主化的階段性流程，在這個時代做為臺灣民主化、自由化的一翼，臺灣文學必須承擔責無旁貸的任務。〔註16〕然在九〇年代後民主意識的覺醒，小說家們也隨著時代變遷將悲情放手，老兵書寫的方向，從「心」思考國族與認同的迷失。

1949 年這批年輕的外省族群，跟隨部隊轉進中國大陸戰區，沒有戰死疆場的幸運者最後退守臺灣，這些人所望穢的「鄉愁」是矛盾且複雜的，由此演繹出其生命的放逐漂泊史。自五〇至六〇年代的反共文學開始，有關老兵

〔註15〕陳芳明：《臺灣新文學史（下）》，頁 789。
〔註16〕葉石濤：〈臺灣文學的雪融時代〉，參見葉石濤：《走向臺灣文學》（臺北：自立晚報設文化出版部，1990 年 3 月），頁 167、168。

書寫為了配合政府施政方針，大多歌功頌德及宣傳政府對退伍老兵的關照；唯陳映真、白先勇則跳脫反共懷鄉的兩大支柱，轉而關注老兵在臺生活的衝擊。七〇至八〇年代，以人性為出發，將老兵不為人知的生理與心理層面浮現檯面，發抒老兵有家歸不得的陳年積鬱，他們的命運就像林鎮山在〈放逐與漂泊〉提到：「兵災政爭、人性闕失、澆薄人情，將被踐踏的弱勢族群，逐出家園，於是，星流雲散、顛沛流離淹沒在無法克服的記憶裏，苦嚐失去與別離。」〔註17〕如張大春關心老兵孤絕的命運，履彊、朱天文反映老兵婚姻的悲劇；又蘇偉貞彰顯袍襗之間的情義，也是獨特之作。九〇年代之後，郝譽翔與巴代重塑老兵的新形象，無論是回歸大陸再婚的外省老兵，或漂泊大陸的臺灣老兵，都為臺灣歷史增補註腳。老兵書寫起於反共文學年代，然文體並不侷限，但小說的呈現將人帶往另一個時空，牽引著讀者走入歷史，宛如身歷其境。隨著海峽兩岸政治局勢的敏感性，小說的創作意識也悄悄地改變中，本章期待藉由臺灣小說老兵書寫的脈絡，探究《北歸南回》內容的傳承與創新。尤其段彩華能延伸出身分認同，以及族群與國族的思辯等論述，深化臺灣小說老兵書寫的底蘊，值得關注。

〔註17〕林鎮山：《離散、家國、敘述——當代臺灣小說論述》，頁106。

第四章　段彩華《北歸南回》的老兵形象與身分認同

　　拼湊破碎的記憶，就宛如在歷史的廢墟中重新找尋線索，為了完整的交代並讓後人清楚事件發生的脈絡與真相，就算是不堪回首的刻印，也要面對那讓人心碎的殘垣斷壁。記憶的還原是需要毅力與勇氣的，尤其是被戰爭撕裂的記憶，更是痛苦的經歷，容易會因自我保護的本能而刻意淡忘；然而真相要釐清，就必須勇於回到那個錯誤的年代，重新拼貼一塊塊破碎的被遺忘的記憶。就小說而言，它可以延伸擴充作者的生活經驗，藉著虛構情節中的人物來建構破碎的記憶，從中反映時代歷史，體現作者的使命感，羅盤的《小說創作論》中說：

> 小說家們，自從受到社會的重視和尊重以後，不知不覺中，也就產生了「以天下為己任」的責任感。……他們希望能進一步地做點「文人濟世」的工作。於是，他們努力在現實中找題材。其一，是反映時代，其一是揭露黑暗。……小說家有鑒及此，便有責無旁貸的感覺，於是，他們便爬上一個高高的山峯，超然化外，以其敏銳的觀察，高明的技巧，將這個時代的縮影，羅織在他的作品中，使讀者藉此可以認識自身所處的時代，所生存的社會。〔註1〕

段彩華《北歸南回》構思的初衷，意圖再現時代的縮影，羅織外省老兵離鄉背井與戰爭殘酷的苦痛，以及淪為社會邊緣人的處境。在〈探親途中各種心

〔註1〕羅盤：《小說創作論》（臺北：東大圖書股份有限公司，1980年2月），頁41。

情〉中，描述袁火的心情：「袁火仰臉想，人家都有父親、母親，有一個親情的掛念，唯獨我，向天上的白雲一樣，是到處漂流的。我是雲嗎？卻不在天上。我是人嗎？卻覺得是地上的浮雲……。」〔註2〕袁火終究孑然一身就養於榮民之家，段彩華將那個時代孤家寡人的老兵投射在袁火身上，反映出老兵之悲情所在。又在兩岸的分治下阻絕了親情關係，而雪上加霜的是中國大陸的文化大革命，改變了原本的初心，為了存活不顧血緣倫理而消弭人性肇生出黑暗之心，如〈積壓在心底的話〉中，描繪于思屏揭穿堂弟于思泉捏造照顧母親的謊言，並痛心訴說母親孤苦伶仃無人照應的事實，及死後三天才被發現的慘狀，甚至直指于思泉私吞母親為他儲存回家旅費的醜陋之心。〔註3〕小說代表著現實的反映，當作者微觀周遭的人事物時，一定會敏銳的感觸到時代特殊的氛圍；段彩華基於責任與良知，鎔鑄歷史特殊題材，藉此使讀者認識大時代的悲劇。

　　本章主旨分析《北歸南回》中的老兵形象與身分認同，再對照前章所論述各年代的臺灣小說中的老兵書寫，俾利釐析出小說中的老兵特色，在時代變遷影響下所衍生出來的異同性。期待從中爬梳小說人物自我漂泊與自我放逐的心理因素，又在「中國人」自居的觀點中如何進行身分認同的思辨。

第一節　老兵形象的分析

　　在臺灣所定位的老兵是以經歷「國共內戰」為主，這些來自中國大陸各省的軍人，參加的部隊無論是國、共的那一方，他們在戰場上所廝殺的敵人，卻是與自己同根同源的鄉親，他們甚至不知「為何而戰、為誰而戰」。1949 年後滯留在臺灣的外省老兵，他們一別家鄉就有四十個年頭；幸運存活的老兵或拖著老邁身軀返鄉探親，或客死他鄉。這些老兵故事已成為臺灣小說中的書寫題材，段彩華在探親風潮後完成《北歸南回》，呈現老兵被現實邊緣化及不被認同的處境，表達其矛盾與創傷的內心世界，以及不被正視的意識形態。胡亞敏《敘事學》中提及：

　　敘事學中人物理論的迭起與當代文學創作中出現的非英雄化和人

────────────

〔註2〕段彩華：《北歸南回》（臺北：聯合文學出版社有限公司，2002 年 6 月），頁174。

〔註3〕參見段彩華：《北歸南回》，頁 275、276。

物淡化的思潮有一定聯繫。當但敘事文越來越不注意去刻劃那些豐
滿有力的、能主動把握自己命運的英雄形象，取而代之的是一些淹
沒在芸芸眾生的大海裡的小人物。這種反英雄的傾向一方面表明當
代敘事文有意摒棄傳統藝術手法上所做出的果決努力，另一方面也
顯示出文化上的變遷。〔註4〕

段彩華將這樣的人物理論融入小說創作，實踐反英雄的書寫傾向，聚焦於小
人物或社會邊緣人的生命對話，如短篇小說集《野棉花》中，出現小人物：搖
貨郎鼓的、走江湖唱戲的、拾荒的；又如《北歸南回》中，描寫在歷史悲劇下
淪為社會邊緣人的老兵身分。以下依序就「忠黨愛國，堅決反共」、「戰爭陰
影，夢裡家園」、「凋零老兵，社會邊緣」等老兵類型分析之。

一、忠黨愛國，堅決反共

　　五○年代靜痕的〈乾爹〉、依風露的〈老兵〉，可見老兵懷抱「反共必勝，
反攻必成」的信仰，《北歸南回》裡也出現這類型的老兵。《北歸南回》中的殷
家勝、季里秋、江昆，屬於忠黨愛國、堅決反共的形象。就客觀事實來說，
「老兵」為國家犧牲奉獻，是親身經歷戰爭的歷史見證者；他們符應國家形
象的塑造，響應反攻復國的行動。當年隨政府來臺的軍人，當年踏入臺灣這
塊土地上，就已經決定了他們的命運。有關1949年隨著蔣介石撤退到臺灣的
經過，蘇啟明的《中國現代史》記載如下：

> 十二月二十七日，解放軍攻佔成都，蔣隻身脫險去臺灣，國軍最後
> 主力胡宗南部隊則轉進至海南島。國民黨撤出大陸。有二百多萬軍
> 民同胞不願接受共黨統治，相率離鄉背井，跟隨蔣總統及國民黨逃
> 到臺灣，繼續維持中華民國的治權。〔註5〕

這些老兵在歷史上的定位是難民，雖然歷盡千辛萬苦跋山涉水來到臺灣，為
能及早反攻大陸再見爹娘，他們的反共意識鮮明且立場堅定。《北歸南回》中
的于思屏也提及到臺灣的過程，他說：「當年渡海來臺灣，不是乘一條船來的，
是用一年多的時間，把兩三百萬人分成好幾批，一波又一波送到高雄和基隆
的。」〔註6〕這句話呼應了蘇啟明《中國現代史》的記載，同時也印證殘酷的

〔註4〕胡亞敏：《敘事學》（武漢：華中師範大學出版社，2004年12月），頁154。

〔註5〕蘇啟明：《中國現代史》（臺北：五南圖書出版有限公司，1996年11月），頁
　　　260。

〔註6〕段彩華：《北歸南回》，頁43。

史實，二百多萬的難民因局勢逆轉，被迫渡海到達國土的最東端，臺灣海峽的彼岸。

　　一部小說故事的延展，情節脈絡的設計，完全有賴作者的巧思運筆，尤其是歷史追溯性質的長篇小說，更需要營造出真實的環境，方具說服力。劉世劍的《小說概論》中說：

> 小說的環境與人物的行動，人物間的關係密切結合，相互作用，環境描寫必然具有引出情節並推動情節發展的功能。特定的環境可使特定人物產生某種相應的行動動機。……環境描寫不能單引發故事情節，而且是推動故事情節發展轉化的一個有利槓桿，因為人物的性格和行動常常要隨著境遇的改變而改變。〔註7〕

就《北歸南回》而言，具有推動情節發展功能的環境描寫有兩處：一是以七〇年代老兵賴以生存環境的臺灣，另一就是曾經是生長環境的大陸家鄉，在兩個環境的交錯書寫之下，彰顯老兵反共的類型特質。如殷家勝與季里秋返鄉時，在香港啟德機場轉機入關登機所發生的小插曲，從中可見他們倆的反共意識。小說描述如下：

> 殷家勝跟隨季里秋走，……看見穿著黃色制服，肩膀上佩戴紅色徽章的檢查人員，……嘴裡卻大聲說：「共肥，共肥！」
>
> ……
>
> 一個女檢查員笑著說：「現在全結束啦，一張紙掀過去，舊帳不能算，舊話不能提。鄧小平同志要我們敞開大門，歡迎你們回來看看。過來吧，老伯伯，人民政府歡迎你。」
>
> ……
>
> 檢查人員只在臺胞證蓋了一個章，笑著說：「一切的顧慮都拋開，從前的事別提了。老爺子，希望你回到家鄉後，就不再出來了，落葉歸根。」
>
> 「是的。」季里秋代替他回答：「但願如此。」〔註8〕

這兩段對話的節錄，看似稀鬆平常，頗有寒暄之意；但段彩華很巧妙的藉助女檢查員的說詞，來提醒中共官方始終不放棄號召老兵們「回歸、統一」。如

〔註7〕劉世劍：《小說概論》（高雄：麗文文化事業股份有限公司，1994年11月），頁126、127。

〔註8〕段彩華：《北歸南回》，頁82、83。

果以當時兩岸的政治局勢來評論，以上的對話就是中共對這些老兵的統戰伎倆；然段彩華筆下的老兵各個是忠黨愛國，如同殷家勝大喊：「共肥，共肥！」與季里秋的回應：「但願如此。」就說明他們對中國共產黨仍有餘恨與不信任，且已表態對中華民國的赤膽忠心。

　　無論是在親情的包圍或是中共官方的遊說下，完成返鄉心願，依然選擇回來臺灣，也就如殷家勝、江昆探親後依然回到自己的國家，在榮民之家他們有以下對話，小說藉此表達老兵對自己國家的依戀與忠誠：

> 「我還有一個認知是，那邊雖是我的故鄉、故土，卻不是我的國
> 家了。」殷家勝說：「我心目中的國家，絕不是那個樣兒。」「對、
> 對，」江昆也點點頭說：「我們心目中的中國，只剩下地理名詞了。」
> 〔註9〕

生活在臺灣的老兵對於國家認同只有一個，那就是中華民國。他們在探親後，對共產黨統治下的中國大陸政權，感到失望且反感，之前的反共信念也就更加鞏固。雖然他們奉獻生命最寶貴的歲月給國家，但是內心始終秉持反共信念，並堅定「以國家興亡為己任，置個人死生於度外」的愛國情操，拋頭顱、灑熱血，為維護正統的中華民國而戰。

　　老兵們對國家的忠誠度是發自於內心的，但當時虛無飄渺間仰首眺望的家國，卻在返鄉探親的霎那成為陌生地方，老兵們感到失落與惆悵，那麼心中真正家國為何？在梅家玲〈性別 VS.家國：五○年代的臺灣小說──以《文藝創作》與文獎會得獎小說為例〉曾有如下的詮釋：

> 當小說家意圖紀實／虛構其間的歷史軌跡時，所體現的，不僅是因
> 時間流轉、空間位移而滋萌的憾恨傷懷，更是對「家國」意識的一
> 再重新定義。然而，在華人社會特重家庭倫理的文化背景下，「國」
> 之想像，必得要以「家」之實況為重要參照座標，才得以落實，以
> 是，由男女夫妻互動而形成的性別關係，遂以此成為形塑家國想像
> 的重要依據。〔註10〕

其實老兵們的心理早已做好準備，從大部分的老兵書寫小說中就可看出端倪。老兵們隨國府轉進臺後便陸續地與在地女性結婚，他們落地生根的初衷也就

〔註9〕段彩華：《北歸南回》，頁142。
〔註10〕梅家玲：〈性別 VS.家國：五○年代的臺灣小說──以《文藝創作》與文獎會得獎小說為例〉，《臺大文史哲學報》第55期，2001年11月，頁57。

無形中促成臺灣族群融合。以眷村為例，其中最常見閩南、客家及原住民的
媽媽們穿梭往來各巷口間，這樣的現象，足可印證老兵們早有危機意識，並
扭轉了對家國的認知。

　　1949 年共軍勢如破竹強渡長江〔註11〕，國軍為保存實力無奈被迫撤退來
臺，眼見大勢已去，但所有老兵卻堅定的以為只是暫時，待反攻號角一響，
光復山河高唱凱歌重回家鄉。在整軍備戰期間，被灌輸堅決服從領袖的權威，
臺灣是中華民國唯一能給他們希望的復興基地，且反共信念與政治認同是根
深蒂固的。侯如綺在〈必要與艱難——張放解嚴後小說身分敘事探析〉中，
就寫到老兵當時的思想被國民黨所僵化的狀況：

> 老兵長期意識上籠罩在反共的大纛之下，口號、教條，成為深入
> 意識的行動準則。當然，另一方面這同時也呈現了老兵「退一步
> 即無死所」的恐懼縮影，而因此變得黑影處處。於是，他們的掙
> 扎被封存在政治一致性的話語假象之中，對黨國的長期依存下，
> 主體在意識形態上與之作某個程度的認同，而在抗爭能力上鈍化
> 與失語。〔註12〕

思想控制是政府政權鞏固的不二法門，當時國家處在風雨飄搖中，安定軍、
民心的思想教育是最重要的課題，因此全國軍民被禁錮於政府教化的話語假
象，進而產生了黨國意識。回首當年國民黨政府為穩定軍心，安撫思鄉的老
兵，喊出了「反共必勝、反攻必成」的口號來欺騙與蒙蔽老兵的心，迫使老兵
們在無助地當下而盲從政府的領導，寶貴地青春年少就這樣被犧牲了，但他
們對國家忠心耿耿的態度不變，然國家對他們的虧欠要如何補償？在一個大
中國的框架裏，中華民主共和國始終就是他們心目中的國家，那就是 1949 年
前的國民黨政權下的中國。這個觀念與想法至今雖已逐漸式微，但他們為建
設臺灣這塊土地也曾流下汗水，故而對現在的中華民國依然忠誠不變，段彩
華在《北歸南回》所描繪的老兵具有足夠的代表性。

〔註11〕人民解放軍第二、第三野戰均在東起江陰，西至湖口，長達 1000 多里的戰線
　　　　上長度長江天險，一舉摧毀國民黨苦心經營了 3 個半月的長江防線。參見楊
　　　　曉娟，趙英麗合編：《中國近代史綱要》（北京：高等教育出版社，2018 年 4
　　　　月），頁 158。

〔註12〕侯如綺：〈必要與艱難——張放解嚴後小說身分敘事探析〉，《政大中文學報》
　　　　第 32 期，2019 年 12 月，頁 307。

二、戰爭陰影，夢裡家園

　　《北歸南回》中的老兵因受戰爭影響患有精神失調症，又小說經常以夢境來表達老兵的潛意識。佛洛伊德（Sigmund Freud，1856～1939）《夢的解析》中，說明夢與精神疾病的因果關係：

> 我寧可承認，來自意識的欲求衝動將有助於夢的產生，但它的作用也僅只於此。……我的假設是，一個意識欲求只有當它能不斷喚醒類似潛意識欲求，並從它那裏取得援助，才可能促成夢的產生。對精神官能症的精神分析使我認識到，這些潛意識欲求非常活躍，隨時在尋找出路，一有機會就和來自意識的衝動結成聯盟，……表面看來，好像意識欲求單獨構成了夢，只有從夢的構成某些細微的特點，才能使我們認出潛意識的標誌。〔註13〕

夢與人類精神相連，是因為多數人堅信：它與潛意識是一條無形資訊交換的傳輸管道。這個通道在傳達某種意義時是不會主動過濾的，只要是做過夢的人都有相同的經驗，那就是夢在潛意識裡所展現的，對當事人而言是虛無飄渺。作夢，在佛洛伊德的認知是一種無用的干擾過程，是精神活動減弱的表現；但我們不可否認的是，夢境對人類的思考是一種警惕與提醒，故「夢」的活動也容易左右做夢者的精神狀態。《北歸南回》中的老兵，因長期背負著戰場恐懼的陰影、迫切返鄉奉養雙親的企盼，以及漂泊離散的孤寂等因素，導致罹患精神官能失調症候群，而他們潛意識唯一的出口只有轉化成為夢境。本小節重點在於探討出現戰爭陰影的老兵類型。

（一）戰爭陰影下的創傷

　　國共內戰期間，以遼瀋、徐蚌、平津三大戰役〔註14〕最受矚目，因為這三場戰爭扭轉了國家的命運，並引發中華民族再次的大遷移與歷史離散的悲劇。《北歸南回》中的方信成曾參與徐蚌戰役，他懷疑長期頭痛的痼疾，是作戰時被砲彈彈片卡住頭骨；由於無法忍受，故央求醫生許大廷為他開刀。小

〔註13〕佛洛伊德（Sigmund Freud）著，孫名之翻譯：《夢的解析》（臺北：貓頭鷹出版社，2000 年 9 月），頁 336。

〔註14〕遼瀋、徐蚌、平津三大戰役前後四個月，國軍損失約一百五十萬兵力，主力盡折，很出乎各方意料。……蔣總統在各方壓力下，終於一九四九年一月二十一日宣布下野，由副總統李宗仁代行職權。參見蘇啟明：《中國現代史》（臺北：五南圖書出版社，1996 年 11 月），頁 257～259。

說描寫道：

> 于思屏突然明白了，醫生和病人中間在進行一場不容易有結果的口
> 水戰。病人的腦殼裡不斷的疼痛，想住院開刀，而醫生基於病情，
> 衡量患者的年齡，不能開那樣的診斷證明。兩人還在爭執，于思屏
> 看看那個病人的病歷，看見他的名字是方信成，便思索一下。
>
> ……
>
> 「我的情形特殊。」方信成加強語氣說：「必須得到住院證明。」
>
> 「你的頭……是怎麼回事兒？」于思屏問。
>
> 「民國三十八年，在大陸，我參加徐蚌會戰，有一塊砲彈迸進頭左
> 邊。被頭骨卡住。在南京住院醫療，當時的外科手術水準不夠，不
> 敢開刀取出，便留在腦殼中。出院以後，三十八、九年以來，一直
> 不覺得疼，跟正常人一樣。」方信成搗著腦殼說：「最近幾個月，年
> 紀太老了，身體抵抗力不夠，卡住彈片的頭骨，忽然疼起來，白天
> 夜裡都一樣，常常痛得走坐不安，渾身冒冷汗我才請求醫生給我徹
> 底根治，把那塊砲彈拿掉！」〔註15〕

方信成是戰爭下的受害者，他執意要取下腦殼中的彈殼，是因為戰爭帶給他
太多痛苦的回憶。雖然故事結尾有交代其頭痛是感冒所致，且已治癒；事實
上，作戰的恐懼與求生意念的渴望，才是他心中真正無法根除的痼疾。這樣
的過往經歷，衍生成為精神層面的問題，佛洛伊德在《佛洛伊德之精神分析》
中，曾關注由於戰爭的恐怖所引發的創傷性精神官能症：

> 在創傷性精神官能症中——尤其是由於戰爭的恐怖而引發的創傷
> 性精神官能症，使我們產生特殊印象的，則是自愛自私的動機，及
> 自衛和對自我利益的努力，單單有這些，也許尚不足以致病，然而
> 疾病既經形成之後，便賴以維持其勢力。這個趨勢的目的，在於保
> 護自我，便不致有引起疾病的危險；它也不願恢復健康，除非危險
> 已不再有重來侵犯的可能，或者除非是由於遭遇危險，卻已得到相
> 當的補償。〔註16〕

方信成為了治癒頭痛的問題，歇斯底里地與醫生辯駁，認定彈片讓他倍受煎

〔註15〕段彩華：《北歸南回》，頁13、14。

〔註16〕佛洛伊德著，楊韶剛譯：《佛洛伊德之精神分析》（新北市：百善書房，2004
年4月），頁19、20。

熬，也間接帶出民國三十八年徐蚌會戰的殘酷畫面。「頭痛」意謂對戰爭的恐懼，而為了解脫不堪回首的印記，便急欲將彈片取出，以做好自我保護的期望，不再復發或出現內心的恐懼感。

　　除了方信成外，小說中還有一位老兵也是受到戰爭的殘害；然讓他受重創的是韓戰，為共產黨打美國人。他是就養於榮民之家的趙立和，小說描述他在軍旅時參戰的過往：

> 在抗日戰爭中，他編入二十九軍十五師 XX 團 XX 營第五班的班長，開往河南和湖北一帶打仗。因為攻陷敵人的碉堡，升為少尉排長。……直到抗戰勝利後，他已升為中尉副連長，編入陳明仁的部隊，開往山海關以外去，滿以為是一次掃蕩的行動，想不到出了山海關，就再也回不去，一直被留在關外。一九四九年，被解放軍接收，花編為林彪帶領的野戰軍，駐守在錦州。過了一年多，開過鴨綠江，幫助北朝鮮打南朝鮮，也打大老美。〔註17〕

抗戰勝利之初的東北，中國共產黨在蘇俄的協助下，接收日本戰敗所移交的武器裝備，乘機坐大開始全面叛亂。〔註18〕趙立和曾是身經抗日、剿匪的初階軍官，之後被共軍收編，還被送往朝鮮打了一場「朝鮮戰爭」〔註19〕，也就是世人所稱的「韓戰」〔註20〕。這是一場國際性質的內戰，戰爭的結果加速了國家的分裂。趙立和是在韓戰結束後從第三國也就是韓國，帶著一萬四千名反共義士的光環來到了臺灣。當時在義士的雙臂上刺青清楚可見，如趙

〔註17〕段彩華：《北歸南回》，頁168。

〔註18〕李守孔：《中國現代史》（臺北：三民書局股份有限公司，1983年9月），頁149。

〔註19〕1950年10月8日，中共中央軍委主席毛澤東電令中國東北的野戰軍改編為中國人民志願軍秘密入朝參戰。10月25日，志願軍打響了後來取得全面勝利的「第一次戰役」，因此25日被中國官方定為「抗美援朝紀念日」。中國也由此正式捲入了為期3年的慘烈的朝鮮戰爭，史稱「抗美援朝」。參見《分析：抗美援朝和志願軍的歷史爭議》網址：〈https://www.bbc.com/zhongwen/trad/world/2014/10/141007_focus_china_koreanwar〉，檢索時間：2020年6月15日。

〔註20〕1950年（民國39年）6月，韓戰爆發後，共匪初則派遣技術及顧問人員協助北韓南侵，迨同年十月聯軍反攻逼近東北國境，共匪懼大陸同胞響應起義，復因俄國所嗾使，乃組織抗美援朝志願軍，先後以林彪、彭德懷巍司令員，開入北韓對聯軍發動瘋狂猛，聯軍驟不及防，被迫後撤。參見李守孔：《中國現代史》，頁198。

立和手臂上有「一顆心回臺灣」、「一條命爭自由」兩句標語，一輩子烙印在身。趙立和感慨的說：

> 「三十年後的稱讚，變成可悲的了。」對方說，向下看著兩手臂。
> 「這些日子，我用肥皂洗，去污粉洗，沙拉脫洗，漂白粉洗，又用絲瓜瓤擦，鐵刷子搓，就是洗不掉這兩行刺青——很惹眼的字。」
> 〔註21〕

對趙立和而言，韓戰記憶是一個不堪回首的人生經歷，每天活在槍林彈雨之中，日以繼夜面對炮火猛烈的攻擊，眼見同袍一個個失去了生命，甚至血肉模糊的哀號求生。在戰場上生命是脆弱的，就如細軟燈絲上的火焰，忽明忽暗不堪一擊。雖然隨著時間的遮掩，但壓抑的心理卻無法沉靜。有關韓戰讓老兵不堪回首的例子，也見於張曉風〈一千二百三十點〉中的唐大勝，他為了消除韓戰後所遺留的刺青，不惜忍痛用醫療雷射逐一清除，一千二百三十點正是戰爭所遺留下來的創傷與壓抑。佛洛伊德在《佛洛伊德之精神分析》中，也對壓抑的產生提出以下的分析：

> 本能衝動的變化之一，是在抵抗（resistances）中使衝動不起任何作用。我們將進一步探討的問題是，在某些條件下，衝動便進入了壓抑（repression）的狀態。如果問題是在於外在刺激的運作（operation）上，所採取的適宜方式，無疑便是逃避（flight）。然而，對衝動而言，逃避是沒有用的，此後，反抗本能衝動的較好方式便是拒絕（rejection），它是建立在判斷（judgement）的基礎之上的。壓抑是譴責（condemnation）的前期表現，處在譴責與逃避之間。〔註22〕

壓抑，顧名思義是被強迫隱藏曾經發生的事實，但人一旦被壓抑而不肯面對過去的痛楚，就會出現一些反射動作。如趙立和一直試圖要洗除雙臂的刺青，明明知其不可為而為之，這樣的舉止在精神科醫生的診斷上是負面的。趙立和在心裡深處對於參加韓戰的過往，曾有接近死亡的恐懼，又眼見同袍身負重傷但無力救助，眼看著生命在痛苦中消失，在這樣恐懼的陰影與長期的內疚交織下，唯一的辦法就是拒絕回憶，如上段引文中所言「反抗本能衝動的較好方式便是拒絕」。然而拒絕是壓抑自己的行為，在過度的強制壓抑下，趙

〔註21〕段彩華：《北歸南回》，頁39。
〔註22〕佛洛伊德（Sigmund Freud）著，楊韶剛譯：《佛洛伊德之精神分析》，頁85、86。

立和便表現出有如除罪化般異常的自殘行為。而究其病因乃歸結於戰爭的影響而導致的精神焦慮，這樣的病人就必須找出抒發的管道。又如方信成因頭痛在醫院暴衝的行為，也是反抗的投射動作，反映出他在徐蚌會戰所遺留的陰影。

　　行為的反應除了持續性外，在過往恐懼與不安的影像映入腦海時，會引起個人情緒的失常，甚至會讓當事人被迫做出偏差的行為，而且這些行為被認為是切斷記憶的最佳手段。小說中〈亂世病和後遺症〉一節，述說趙立和隨著袁火與于思屏返鄉，到達上海第一天晚上所發生的事件：

> 于思屏很了解趙立和來到陌生的場所才換衣服的心理。當那些光榮與壯志變成虛幻時，要有一個適合的空間和機會，讓自己作習慣性的調適。
>
> ……
>
> 于思屏轉臉再看，電視裡撥出新製作的電視劇，在「朝鮮」戰場上，解放軍正奔跑跳躍，追趕著黃種人的軍隊。五星旗迎風招展，太極旗卻一絲不動，奄奄一息，彷彿不是奔馳在原野上，而是懸掛在屋子裡。
>
> 趙立和撐著頭，把臉歪向另一個方向，存心用後腦勺對著螢光幕。聲音是阻擋不了的，劇中人的對話，一句句都傳入他的耳朵裡。
>
> 「你害怕仁川登陸的聯軍嗎？」
>
> 「Ｘ他先人的，咱們不怕！」
>
> ……
>
> 下面還有更不中聽的臺詞兒，趙立和放下筷子，走出去。盤子裡的東西，只吃掉一半。「看樣子，我們真的到大陸了。」于思屏說。〔註23〕

趙立和在上海下榻的飯店吃晚餐時，無意中看到電視劇正好是中共的樣板宣傳劇，也許在戰場上當時雙方激戰的實況與劇情相左；但是刻骨銘心的舊事，卻能讓他放下眼前的佳餚默默的離開。這段情節強調韓戰對趙立和的影響，多年來的夢魘不斷的累積，隨時會因某觸發點而爆發。又手臂上的刺青更讓他埋怨不已，他的人生也就一直躲在被忽略的角落，自卑的養成讓他容易被刺激而畏縮。國共內戰早已結束 60 年，這段歷史如一把利刃插進每一個中國

〔註23〕段彩華：《北歸南回》，頁 179。

人的胸口，尤其是自年少就從軍的外省老兵，他們被重創心理以及精神疾病所苦。

（二）漂泊離散與思鄉懷舊

何謂「離散」？離散（Diaspora）源於希臘文 diasperien，由 dia（跨越）和 sperien（耕種或散播種子）兩個詞根構成。在古希臘與羅馬時代，頻繁戰亂造成人民背鄉離井、流離失所，此即離散之由來。〔註 24〕在世界歷史不斷演進中，離散的現象似乎與戰亂脫不了關係。在近代中國現代史，重演了古希臘與羅馬時代的悲劇，大規模的遷徙讓離散再度的發生，隱忍多年的思鄉之苦終於能在四十年後獲得了救贖。雖然返鄉旅途內心充滿忐忑不安，原來是故居的出生地變成了陌生的異國他鄉，看不見老房舍，父母離世，山盟海誓的伊人不在，少年時的同學都已白髮蒼蒼，家鄉也就一瞬間變成了故鄉。如王幼華在〈菩提樹〉中，有一位在學校當工友的外省老兵「老莊」，思鄉情切，無法入眠，六十出頭的年紀，仍迫切期待返鄉祭拜父母，方能心安，道盡漂泊離散的悲哀。〔註 25〕家鄉觸不可及，只有寄予夢境神遊，段彩華為了呈現這些老兵思鄉之苦的心境，如透過季里秋的夢境來探索他離鄉後的惆悵：

> 這裡不是我的故鄉嗎？他在夢裡迷惘的想，為什麼變得這麼陌生？變成我從未見過到過的地方呢？對了，他在夢中告訴自己，找父親母親問問就明白了。轉來轉去，都是黑黑的巷子，根本找不到回家的路。那裡，那座褐色的大門，應該離東城門不遠的呀！難道父親母親搬家了嗎？搬往永遠尋找不到的地方嗎？對了，還有那位結婚三年的妻子，自己要叫姊姊的妻子，她應該守在家裡的，怎會找不到那條巷子，那扇大門了呢？這意味著什麼，難道一切都變得不可猜測了嗎？……〔註 26〕

季里秋在夢境裡迷失了，他回不了家的原因是四十年後的家鄉，在他的腦海中已經開始模糊，黑黑的巷子表示返鄉之途的無法成行，父母親搬家的意象暗指以雙雙離世，結婚三年的妻子與失蹤的那條巷子、那扇大門相連結，道出了短暫姻緣的淒涼。

〔註 24〕李有成：《離散》（臺北：允晨文化實業股份有限公司，2013 年 8 月），頁 16、17。

〔註 25〕參見王幼華：《慾與罪·菩提樹》（臺中：晨星出版社，1986 年 10 月），頁 70。

〔註 26〕段彩華：《北歸南回》，頁 22、23。

　　回憶形成的基本條件就是要有記憶的存在，隨著無情歲月的流逝，這些老兵一天天的衰老，心中急切期盼能夠返鄉。小說中夢境出場的意象，參照佛洛依德《夢的解析》有如下的解釋：

> 所以夢主要是以視覺意象進行思維——但也有例外情形，夢也有利用聽覺意象，在更小的程度上還有利用其他感覺的意象。許多事物（如在正常清醒生活中那樣）也以簡單的思想或意念在夢中出現——也就是說，可能以語言的殘餘形式表現出來。然而夢境真正特徵仍是夢內容中那些以意象方式活動的元素，也就是說，它們的活動並不像記憶的呈現，而更類似於知覺。〔註27〕

小說藉助夢境來表達當事人壓抑已久的思鄉之情，夢境呈現視覺意象，鋪展場景的變化與欲見的人物想像。從夢的解析切入，找不到地方且見不著人，正符合佛洛伊德所言：「它們的活動並不像記憶的呈現，而更類似於知覺。」也就是說過去的人與事在季里秋的潛意識中，已經出現了所謂「失去」的焦慮與隱憂。

　　小說中也出現于思屏的夢境，探討其思鄉情懷的起伏。話說于思屏接獲從家鄉寄來的信，帶來母親過世的噩耗；看完信後因淚眼模糊視線，悲傷過度摔倒在地，被送往醫院。季里秋知悉後就立即趕往醫院探視，在舅甥的對話中，也得知三嫂過世的信息，言談中重新詮釋了「母親就是故鄉」〔註28〕的定位。季里秋說：「如果母親不在那邊，故鄉的溫情也就失去很多了。」〔註29〕接著于思屏告知在昏迷時所做的夢境：

> 「夜裡，我做了一個夢。」
>
> 「夢見什麼？」
>
> 「我坐在飛機上，在雲縫裡飛。」于思屏回憶著說。
>
> 「那是好夢啊！」季里秋笑了一笑。「證明你還想還鄉。」
>
> 「突然座位下裂開一個洞，我摔落下去。」于思屏繼續說：「向下掉，向下掉，掉進一口廢井裡，抓住很大的轆轤架上的長繩，用力拉，爬不上去。拼命用腳蹬，還是爬不上去……。」
>
> 「後來呢？」蔡貞娥問。
>
> 「……明真、明利和明泉，我們的三個孩子，在井口向下喊我，抓

〔註27〕佛洛伊德（Sigmund Freud）著，孫名之翻譯：《夢的解析》，頁33。
〔註28〕段彩華：《北歸南回》，頁73。
〔註29〕段彩華：《北歸南回》，頁73。

住那個轆轤架，想把我絞上來。我急出一身冷汗，就醒了⋯⋯。」
〔註30〕

于思屏對於回家的想望，在長期離鄉後更加強烈；不幸的是在開放探親的時刻，卻接獲母親離世的噩耗。如此晴天霹靂的訊息讓于思屏念母的心思，瞬間墜入深淵之中。就如夢境中他從高空的雲層中掉入廢井，用墜的動作來凸顯于思屏得知母喪時錯愕的感受與悲痛的心情。夢境的結尾卻發出了一個訊息，就是于思屏的三個小孩及時現身，並設法搶救他們的父親。這也許是作者想要傳達家鄉的真正定位，在臺灣的老兵多數已落地生根且延續香火，家族的命脈在這塊島嶼已展現了生機。當初老兵們在蔣介石「反共復國」的政治號召下，回鄉的歸途似乎指日可待，在每一個人身上如家傳珍寶似的「戰士授田證」〔註31〕，就是一張實質的寄託。日以繼夜期盼著反攻號角一響，奮力一搏凱歌還鄉日子的到來，但最後這張成為有價證券而依年資換成了新臺幣。在意義上則是很明確的告訴所有的老兵，魂牽夢引的家鄉已成過去，臺灣才是安身立命之所在，夢醒時分的現實已殘酷的來臨。

三、凋零老兵，社會邊緣

邊緣，是被任何事物遠離所在的特定區域的核心，而被界定為無價值與意義；故只要被劃定為邊緣人，即被忽略和輕視。國共內戰後隨部隊來臺的軍人，他們在退伍之後，因政治環境的變革，被遺忘在社會的角落裡。如張啟疆在〈消失的球〉中，主角的爺爺與父親希望眷村拆遷後能分配到國宅；在相繼過世後，仍然無法如願，原本父親希望骨灰供在「為黨國貢獻一生」換來的新家，直至臨終還是寄予厚望得到國家的回饋，作者藉此表達外省老兵已被政府冷落一旁的事實。〔註32〕又苦苓在〈柯思里伯伯〉中，描寫在臺終生孤寂且規矩守分的退伍外省老兵，在一貧如洗之下，觸犯法律犯下搶劫銀行的重罪，影射1982年搶銀行的退伍老兵李師科。〔註33〕以上兩篇小說與

〔註30〕段彩華：《北歸南回》，頁73、74。
〔註31〕相關條例參見《全國法規資料庫・戰士授田憑據處理條例施行細則》，網址：〈https://law.moj.gov.tw/LawClass/LawAll.aspx?pcode=F0140010〉檢索時間：2020年6月8日。
〔註32〕參見張啟疆：〈消失的球〉，齊邦媛、王德威合編：《最後的黃埔》，頁242。
〔註33〕參見苦苓：《外省故鄉・柯思里伯伯》（臺北：希代書版有限公司，1988年7月），頁11～34。

段彩華的《北歸南回》，皆譜寫出老兵生活在社會邊緣的悲歌，深具歷史意義。

「老兵」，是一群曾經長期生活在戰場上且經歷實戰的軍人，然在歲月逼得他們必須脫下軍服離開部隊。他們在國家生死存亡的關鍵時刻，奔赴槍林彈雨的沙場；但在國家穩定發展時，他們卻被遺落在社會角落，成為另類的邊緣人。《北歸南回》透過季里秋感慨道：

> 季里秋穿過長長的紅磚道。他每一次到榮家來，都強行意志，不露出一股淡淡的悲傷柔和著欣喜。杜鵑花落了，鳳凰花盛開；阿波蘿花落了，三角梅綻放……。開的再美，落的再快，都在風裡雨裡變幻，彷彿沒有什麼聲息。一些老面孔不見了，一些新面孔晃在眼前，新面孔代替老面孔。老面孔每消失一個，院子裡就會砰的一聲。
>
> 那是放一個鞭炮，用爆炸的聲音告訴大家，有個老兄弟走了！
>
> 很少人嘆息，很少人落淚，心裡都是暗暗的一驚。〔註34〕

這段敘述以花開花落、鞭炮聲作為時間與空間的意象，孑然一身而無所依靠的老兵，年老之後大部分都會就養直隸於輔導會〔註35〕在臺灣各地所的榮民之家，他們的生命循環就像季節性的花朵，只有風才能意會到他們的存在，在社會不被關注的角落，無聲無息地走完生命的旅程。榮民之家的老兵是以鞭炮聲代表生命的盡頭，他們的身後大事沒有兒孫或親人送行；這些人靜靜的等待死亡，最後變成骨灰一罈，孤獨地放在國軍公墓的靈骨塔某一個角落。小說藉此描寫出老兵身處社會邊緣的處境，以及晚景孤寂悽涼的畫面。

第二節　身分認同的思辨

歷史所造成的離散悲劇，讓臺灣外省老兵不得不以臺灣作為安身立命的家園。在《北歸南回》中描寫老兵回到大陸，持用的是臺胞證，被大陸人視為臺胞，卻被臺灣人看成大陸人，由此引發老兵身分認同的思辨。〔註36〕他們

〔註34〕段彩華：《北歸南回》，頁37。

〔註35〕於民國43年11月1日成立「行政院國軍退除役官兵就業輔導委員會」，統籌規劃辦理退除役官兵就業輔導及安置事宜，嗣後由於服務層面擴大，不再局限於就業輔導，自民國55年更名為「行政院國軍退除役官兵輔導委員會」（簡稱輔導會），統籌辦理輔導榮民就學、就業、就醫、就養及一般服務照顧等工作，以使名實相符。參見《行政院國軍退除役官兵輔導委員會》，網址：〈https://www.vac.gov.tw/cp-1779-1728-1.html〉檢索時間：2020年6月7日。

〔註36〕參見段彩華：《北歸南回》，頁141。

對於「我是誰？」「何處是我的家？」的疑問，傳達飄零離散的命運與時代歷史的荒涼。王德威在〈老去空於渡海心〉中說：

> 二十世紀的中國不缺離散的故事，但這批老兵所演義的歷史荒涼
> 處，仍然讓我們怵目驚心。我所指的離散不只是家國的破碎，此身
> 的飄零——那仍然是國家「大敘述」一部分。離散甚至關乎一種文
> 化想像的解體，一種日常生活細節的違逆。而最刻骨銘心的離散，
> 來自個人記憶與糾纏散落，還有一切終歸突然的恐懼。……死亡到
> 底是離散的句點，還是逗點？〔註37〕

離散，是身分認同矛盾的起點，也是文化想像解體的肇因，既然是屬於國家大敘述的一部分，國家就有責任與義務去輔導這些對身分認同產生矛盾的老兵，讓他們早日脫離因失去所帶來的恐懼。所謂「只有透過族群認同的感情投資，人才能找到自己的個人認同」〔註38〕，透過引領老兵在原有「自我認同」的基礎上，認知其所處時代環境已改變的事實，繼而融入臺灣多元化的族群中。

回顧臺灣小說中族群認同的相關書寫，如吳濁流長篇小說《亞細亞的孤兒》〔註39〕中的胡太明，與鍾理和散文〈白薯的悲哀〉〔註40〕中的白薯，都是陳述二戰末期在一個大中國的框架裡，寄身於大陸的臺灣人，其所面對的是「臺灣／中國／日本」身分認同的衝突；而《北歸南回》中離散的臺灣老兵，所面對的是「臺灣／中國」的認同問題，這些作品道出時代的悲哀，也暗示離散如枷鎖般的緊套住小說人物。本節重點依序就「族群認同與政治變遷」、「中國屬性與臺灣屬性」及「在地化，家臺灣」三節，探討《北歸南回》中的老兵隨著時代變遷有何身分認同的問題，又他們最終採取何種因應之道。

一、族群認同與政治變遷

政治紛擾足以影響族群認同，在多元族群的臺灣社會中，族群認同是重

〔註37〕王德威：〈老去空於渡海心〉，齊邦媛、王德威合編：《最後的黃埔》（臺北：麥田出版社，2004 年 3 月），頁 10。

〔註38〕哈羅德・伊薩克（Harold R. Isaacs）著，鄧伯宸譯：《族群 Idols of the Tribe》（新北市：立緒文化事業有限公司，2004 年 11 月），頁 21。

〔註39〕吳濁流：《亞細亞的孤兒》（高雄：春暉出版社，2008 年 7 月）。

〔註40〕鍾理和：〈白薯的悲哀〉，收錄於彭瑞金編：《鍾理和全集》（臺北：前衛出版社，2002 年 7 月）。

要課題。如在張曉風〈一千二百三十點〉中有位老兵鄭家孝，因臂上的刺青被民進黨民眾唾棄，要將之趕出臺灣。〔註41〕勞苦功高的老兵反被社會鄙視，令人不勝唏噓。紀舜傑在〈認同的力量——政治力與非政治力的作用〉中提到：「認同是人類群體中一中非常重要的感覺。每個人都不願被遺漏，也不願被孤立，更重要的是歸屬感的滿足較容易帶來安全感。」〔註42〕由此可知，認同將「本我」推廣到「群我」，「族群認同」為個人帶來歸屬感與安全感。《北歸南回》的〈兩封回信一笑一哭〉一節，寫到于思屏奉派參加座談會，會中一位移民美國的華僑分享旅遊大陸一個月的心得：

> 遊玩三十多天，不能算短了，但不管走到那裡，總是有一種排遣不去的憂鬱；這個國家已不再屬於我們的。彷彿改嫁過的親娘，你沒法承認她仍是自己的母親。……在座談會結束時，那位華僑自己也哭了，他說：「回去一趟，最深刻的感觸是，我難做中國人，也不是臺灣人，而是世界人、宇宙人、外太空人。」〔註43〕

這段心得雖然不是由外省老兵抒發，而是出自華僑徘徊的心境：「我難做中國人，也不是臺灣人，而是世界人、宇宙人、外太空人。」充分刻劃出海外華人的漂泊感，對「根在何處？」的身分認同，產生莫大的質疑。就臺灣外省老兵而言，「大中國意識」因政治變遷早已徹底瓦解，在詭譎多變的國際局勢下，應該接受中華民國在臺灣的事實。

返鄉幾乎是每位外省老兵的渴望，然而在《北歸南回》〈老榮民還鄉的難題〉一節，卻出現一位無牽無掛的老兵袁火。他是失親的孤兒，在大陸撤退時搭機來臺，沒有返鄉包袱。袁火的身世之謎在小說中是這樣寫的：

> 他說，他不知道他的爹是誰，娘是誰，他是在炸毀的破牆框子中啼哭，被一個挎鎗的兵抱養的。在他的記憶中，有一團紅紅的烈火，生下她的，就是那一團紅紅的烈火，燒著那個破牆框子。收養他的鎗兵姓袁。他就跟著姓袁了。那個起火地點，有鎗聲的起火地點，是在那一個省？他全不記得。至於是在那一個縣？那一個城市？或

〔註41〕參見張曉風：〈一千二百三十點〉，齊邦媛、王德威合編：《最後的黃埔》，頁88。

〔註42〕紀舜傑：〈認同的力量——政治力與非政治力的作用〉，施正鋒主編：《臺灣國家認同》（臺北：財團法人國家展望文教基金會，2005年3月），頁64、65。

〔註43〕段彩華：《北歸南回》，頁62。

那一個村莊？他更茫然了。〔註44〕

一團紅紅的烈火意指戰場上猛烈的炮擊，也暗喻著苦難的中國就是注定要需
經過戰火的試煉，袁火是在槍林彈雨的戰場上出生，也許他是這家人的倖存
者，小說中只有他沒有家鄉的包袱，也沒有探親的問題，因為他說：「長江不
是我的一親等，黃河也不是我的二親等，我一輩子也別想回大陸。」〔註45〕
小說形塑這樣的一個人物，是否也隱含大陸失守已是不變的事實，那裡已不
是老兵的歸屬。相較於其他老兵，袁火更顯灑脫，他說：「凡是那些可能是開
啟我記憶的地方，通通去轉一轉。我比你輕鬆多了，無牽無掛的。」〔註46〕
每個外省老兵在離家的那一刻，就注定成為孤兒，因為隨著政治變遷，故鄉
已是今非昔比、人事全非。正如于思屏所言：「現在回去，頭髮白了才回去，
還能看見誰呢？」〔註47〕小說藉此提出時代環境已經改變的事實，且將回不
去的家鄉安置於記憶深處。

外省老兵的共同點，就是擁有離散的集體記憶，林鎮山曾引用尼可·希
爾（Nicholas Van Hear）的說法，認為「離散」是：

（1）從原鄉散居到兩個以上地方；

（2）目前定居於國外，雖然不一定是永遠的，卻是長期的；

（3）離散各地的人士，可能來往於居留的與原鄉之間，於社會、
經濟、政治、文化方面，彼此仍有著互動；

（4）而跨國人士（transnational），則包羅萬象，連「離散」人士也
可以包括其中。〔註48〕

老兵們的集體記憶，也就是他們離散的共同經歷，以《北歸南回》中的小說
人物來對應，只有于思祥這位自臺灣移民美國的華僑〔註49〕符合所有條件，
其他人基於集體的記憶與認同，也僅符合條件（1）、（3），這樣的論斷正如小
說中所創造出來的人物，他們的原生群體在中國大陸，後因國共內戰的影響，

〔註44〕段彩華：《北歸南回》，頁 42。

〔註45〕段彩華：《北歸南回》，頁 43。

〔註46〕段彩華：《北歸南回》，頁 188。

〔註47〕段彩華：《北歸南回》，頁 46。

〔註48〕希爾（Nicholas Van Hear），New Diaspora（Seattle：University of Washington
Press, 1998），p.15。參見林鎮山：《離散、加國、敘述——當代臺灣小說論述》，
頁 14。

〔註49〕「要不然，我移民美國作什麼？」思祥說：「既做美國人，就按照美國的風俗。」
段彩華：《北歸南回》，頁 207。

讓他們成為難民〔註 50〕落腳於臺灣，所以說這樣的區分，也是因為這些人來
自原生的群體以及認同的條件所致。

　　《北歸南回》〈石壩見證三代長缺〉一節，季里秋與女兒談到沭河上北石
壩的回憶，這段令人省思的對話，詮釋出為何離鄉的老兵，已經不屬於原來
的家鄉：

　　「比我走的時候，小多了。」季里秋感慨的說。

　　「你走的時候，是什麼樣子，我不知道」。女兒說：「在我能記事的
　　時候起，它就是那副樣子了。聽上年紀的人說，被飛機炸毀過。」

　　「那裡的飛機？」

　　季美娟說：「在新安鎮第二次解放時，黃百韜的部隊留下一部分，和
　　解放軍打仗，國特的飛機扔炸彈，炸壞的。」

　　……

　　民國四十幾年時，他在臺灣受訓時，聽教官講這一段戰史。黃百
　　韜向西撤退時，用疑兵之際，撤退很成功。新安鎮內已沒有一個
　　士兵了。解放軍以為城裡仍有軍隊把守，便在天黑時用大砲轟擊，
　　將新安鎮轟倒半個。遠處的北石壩，應該是那一天夜裡轟毀的。
　　〔註 51〕

兩岸由於政治觀點的差異，從對日抗戰到國共內戰對於史實的記載有極大的
差異，如同新安鎮村舍被炸毀的說法，自然會以「我」方的說詞為基準。老兵
們亦有多數在未撤守臺灣之前已離鄉多年，家鄉人、家鄉事已注定被隔離，
尤其與家鄉人已不再是同一族群，在思想觀念上造成扞格，被牽引出所謂「雙
重困境」的窘態。林平〈身在家鄉為異客——在中國大陸的外省臺灣人〉曾
提出以下詮釋：

　　部分外省臺灣人因邊緣的困境選擇「回到」想像中的祖國，到了中
　　國大陸才發現是進入另一種邊緣人的困境。此邊緣困境已超過溫斯
　　柏格所說的「雙重困境」，而是多重卻又難以自我面對的困境；進入
　　一種覺得自己應該熟悉，卻發現其實自己一點都不熟悉的社會環
　　境；進入一種在臺灣從核心落入邊陲，以為（回）到中國大陸是回

───────────

〔註 50〕「是難民，在簡體字的字典裡。」于思祥說：「簡體字就是隔絕我們，讓我們
　　　　不認識這邊的歷史的。」段彩華：《北歸南回》，頁 262。

〔註 51〕段彩華：《北歸南回》，頁 106、107。

到核心，卻仍然被視為邊緣人的困境。〔註 52〕

北石壩毀損的紀實，兩岸說法不一，因政治立場不同必然各持觀點，這樣的傾向就意味著老兵跟對岸鄉親已非同一「國族」。也就是說過去的記憶，並不一定是歷史的真相，畢竟老兵的家鄉已是不再熟悉的環境。段彩華藉此認為礙於政局動盪而改變兩岸族群的關係，事件的真相已微不足道了。

眷村存在一甲子的時光，是臺灣近代史最具代表性的族群磨合的年代，亦即老兵在臺灣生活波動最頻繁的時期。因為他們在臺灣的政治變遷下，被迫變換成不同的角色以因應政治情勢的改變，他們身分的變化也正是臺灣民主進程的寫照。「認同」關係著老兵們在臺灣的立足，也是扭轉對於家鄉的思辨。尚道明在〈眷村居民的國家認同〉提到：

> 對眷村老一輩來說，最深的國家情感，首先是他們年輕時在抗日的社會氣氛下，用自己年輕歲月以及血汗建構的國家認同，隨著政治的轉變，他們因為自己或家人受到中國共產黨的迫害，國家的感情伴隨著國民黨政權來到臺灣，因為反共的經歷與國民黨的政策一致，說他們認同中華民國，其實骨子裡還深印著反對共產黨的印記。〔註 53〕

隨著政治的轉變，外省老兵因為家人受到中國共產黨的迫害，骨子裡深印著反共的印記，與國民黨的政策一致，因此認同中華民國。小說描述大陸的「文化大革命」〔註 54〕，季里秋、于思屏與于思祥的親友與同學在文革期間被批鬥，于思屏的母親也不例外，就連于思屏的母親所珍藏的種子，竟被紅衛兵當瓜子給嗑了。種子代表傳承，也就意味著文化大革命是剷除中華民族文化的惡行，在族親被殺、土地與家鄉嚴重的被摧毀下，仇匪恨匪的意念是一輩子無法消除的。

《北歸南回》也述及老兵族群的無奈，因為他們的生存空間已在政治的變遷下被剝奪，也就是說他們雖然返鄉探親，但這個曾經歷內戰的族群，對

〔註 52〕林平：〈身在家鄉為異客——在中國大陸的外省臺灣人〉，張茂桂主編：《國家與認同》（臺北：學群出版有限公司，2010 年 2 月），頁 318、319。

〔註 53〕尚道明：〈眷村居民的國家認同〉，張茂桂主編：《國家與認同》，頁 13。

〔註 54〕1966 年 5 月至 1976 年 10 月的「文化大革命」，是全局性的、長時間的「左」傾嚴重錯誤。它使中國共產黨、國家和人民遭到新中國成立以來最嚴重的挫折與損失。這場「文化大革命」是毛澤東發動和領導的。參見楊曉娟、趙英麗合編：《中國近代史綱要》，頁 262。

於兩岸的人民而言都是有瑕疵的。因為承擔著拋棄者與剝奪者的雙重角色，因而成為被唾棄的一群，無情歷史的洪流與殘酷的政治變遷，讓隨政府來臺的他們有著無限的感傷。小說中描寫返鄉老兵們沉重矛盾的內心：

> 「這一次回大陸，我得到了一個心痛的經驗，就是我們這群人的籍貫沒有了。」……「臺灣省的人也把我們看成大陸人——三十八年前後來臺的。那邊說我們是臺胞，這邊說我們是大陸來的，各位想想看，我們這些人幹來幹去，不是把籍貫幹掉了嗎？」〔註55〕

以上是不堪回首的記憶再現，隨著後半輩子，原本註記在身分證上的省籍，是他們唯一對家鄉記憶的觸動點。家鄉的認定改變了，那麼老兵在返鄉探親之後，所有對家鄉的印象也隨著政治的因素而有所轉變。近年來，政府雖然廢除了傳統對身分認同的籍貫措施，改採紀錄出生地的方式，希冀能以土地的認同來擺脫省籍觀念在政治上的再現。〔註56〕這樣政策性的手段，是希望臺灣所有族群重新對這塊土地轉換認知與思考方式；就外省老兵而言，他們一直被離鄉、思鄉所衍生的國仇、家恨紛擾著，如今必須勇敢面對政治變遷，以實踐國家認同的導向。

二、中國屬性與臺灣屬性

　　族群、國族的認同，在現在的政治社會裡一直是爭論不斷的主題，尤其是臺灣，因多數族群的融合而有豐富的多元化風俗與文化，然本論文所探討的族群僅侷限於 1949 年從大陸轉進的外省老兵，他們一路走來對於自己身分的屬性，已從開放探親後，悄悄有了改變。這樣的評斷除了在老兵書寫中可以查知，在個人至屏東榮家訪談老兵時，也接收到他們身分自我轉變的事實〔註57〕，改變他們的理由，在哈羅德・伊薩克（Harold R. Isaacs）在《族群 Idols of the Tribe》中找到了這段合理的解釋，他說：「只要政治秩序處於變遷階段，每個國家都必須在族群（部落的、種族的、宗教的、民族的）衝突間找到新的平衡點。」〔註58〕然何謂新的平衡點，以外省老兵來說，家鄉與親人曾是過

〔註55〕段彩華：《北歸南回》，頁 141、142。
〔註56〕施正鋒：《臺灣族群政策》（臺中：財團法人新新臺灣文化教育基金會，2010年 4 月），頁 249。
〔註57〕參見附錄二。
〔註58〕哈羅德・伊薩克（Harold R. Isaacs）著，鄧伯宸譯：《族群 Idols of the Tribe》，頁 7。

去精神的支柱，但在未返鄉而遙不可及的午夜夢迴，這樣的支撐點對他們而言是虛幻且不實際的，身處於執政當局所統治下的國家，以前的寄託與情懷已變成南柯一夢。

「我是誰？」「我曾經是誰？」這是老兵返鄉的後遺症，從《北歸南回》中得知，老兵回家時必須要有臺胞證，從臺灣到對岸則以出境的模式檢查護照，在老兵的心理上是無法理解與平衡的。為何回到出生之地的家鄉卻要像走進另一個如此陌生的世界；走進家門，卻被鄉親視為外人。小說中返鄉探親的老兵，個個都是因持有臺胞證與鄉親們的距離而顯得格外疏離，亦如林平〈身在家鄉為異客——在中國大陸的外省臺灣人〉提到：「臺灣的『外省人』與大陸的『臺胞』兩種稱呼都不斷的提醒他們，自己在兩個社會都不是核心、都只是邊緣人。」〔註59〕

外省老兵的第二代，在父執輩灌輸的記憶行為中，家鄉也只是照片與文字的描述，它只是一個遙遠又陌生的地理區域。兩代在這樣尷尬又無法印證的事實條件下，「根」幾乎是模糊的；既然如此，接納事實與安於現狀就成為外省老兵無奈的抉擇。如此無奈與徬徨，似乎像在大海中以生活習性或世代之間循一定路線往返遷移洄游性魚類。然而，這些魚比起老兵們卻是幸福多了，因為牠們是身體力行實際定期來回屬於自己的領域，外省老兵在未開放探親卻只能寄託於想像與夢境，即使得以返鄉，卻衍生出原有身分與國籍的錯亂。因為中國共產黨取得中國大陸的政權與治權後，原本游移在臺灣與大陸的老兵，由於被牽動在兩岸政治角力下，他們的屬性就產生了變化。

《北歸南回》最後一節〈山城的盟約和心願〉，在方信成與唐月蓉的婚禮中，段彩華以川劇團將兩岸和諧共榮的願景，以對話方式呈現出來，尤其是提到方信成滿口答應該團的請託，彷彿臺灣的事情都由他當家作主似的。這段書寫也就是段彩華將臺灣與大陸匡列在一個大中國的範圍，以歷史的脈絡來看，他堅信在中華民國憲法裡的中國必然是存在。據1937年12月25日所施行的中華民國憲法第一章總綱：「第四條中華民國領土，依其固有之疆域，非經國民大會之決議，不得變更之。」〔註60〕所謂領土的認定在憲法上依然

〔註59〕林平：〈身在家鄉為異客——在中國大陸的外省臺灣人〉，張茂桂主編：《國家與認同》，頁319。

〔註60〕行政院：《中華民國憲法及增修條文》網址：〈https://www.ey.gov.tw/Page/13757D5A74F701EA/ab9ea18b-dac3-4201-8c13-54795f1ce65e〉，檢索時間：2020年7月11日。

延續著兩岸分治之前的事實，憲法乃國家根本大法，是不容許輕易變更與否定的，那麼依此邏輯可斷言中華民國在臺灣，無論在憲法的框架裡與歷史的脈絡下，本質上就是一個大中國的概念。

近代臺灣文學作家以 1949 年以國共內戰為分界點，刻意將大陸來臺的軍民劃分為中國屬性的「遺民」或「移民」，也就是說在國族的認同上早就出現了排斥現象，如在小說中江昆回應季里秋的感觸後說：「一點都不含糊，我也有這種感覺。豬八戒照鏡子，裡外不是人。我們是老榮民望大海，兩邊不是人。」〔註 61〕這樣的隱憂不只是江昆，留滯在臺灣的外省老兵，都會對自己的身分與國家屬性產生了疑慮；試想，在意識模糊的狀態下，此時對岸動起了干戈，這些外省老兵若再度拿起槍桿時，其槍口的朝向是否會被在地人逼得朝自己人開槍呢？因此從剛開始的省籍隔閡到現在的族群的切割，已經產生了國家的安全問題。

「認同」與「身分」是關係到各個「族群」合併成一個整體「國族」的進程，孫鴻業在〈「外省人」的第二代的國家認同〉中就特別提出他的看法：

> 「認同」對個人而言，具有辨識與連結的功能。就「辨識」而言，它區分出「我群」與「他群」的差異；而「連結」則滿足了個體與群體之間的歸屬感。……而身分是透過本身的基本特質做出的客觀基本分類。然而，一個身分的內涵與意義，卻是透過長期且持續的歷史情境的社會互動所建構出來的。當我們將「身分」與「認同」兩者連結起來時，身分與認同之間卻不一定相互對稱。因為「身分」是一個「客觀的」社會類屬的區分；「認同」卻是對一個社會類屬或群體「主觀的」連帶感核對價值與行動的認知共識，而「身分」卻不一定是具備這些。〔註62〕

由以上「身分」與「認同」的辨識可知，最大差別在於「身分」具客觀性，歸於社會類屬的區分；「認同」則具主觀性，是對一個社會類屬或群體的價值與行動的認知共識。依其觀點來審視《北歸南回》中江昆的身分認同，小說描寫他在經歷失去籍貫的空中飛人，自我調侃的說：

> 「還不只是臺灣香港的來回飛，有時候也飛返大陸，三方面都不收。

〔註61〕段彩華：《北歸南回》，頁 142。
〔註62〕孫鴻業：〈「外省人」的第二代的國家認同〉，張茂桂主編：《國家與認同》，頁 31、32。

> 都說我的入境手續不符合，彷彿我不是中國人，也不是黃種人似
> 的。」……「還是飛人。」江昆說：「不過是太空飛人，不屬於任何
> 國家的，是屬於外太空的。」〔註63〕

江昆在上述的對話中，暴露出他在國家認同的前提下，已經失去了身分，沒
有身分就無法被群體所認同，但至今不變的是「屬性」與「認同」仍被劃成等
號。相信段彩華在寫這段情節時，內心一定是忐忑不安的，希望藉助江昆的
事件來喚醒兩岸三地的執政者，摒棄政治的紛爭，以就事論事的態度，替曾
經因戰亂而離鄉的老兵留下一絲的尊嚴。國家的分裂或許是源於戰爭，但也
有可能使國族認同的分歧，正如孫鴻業所言，身分僅是一個客觀的感知，因
為國族是由不同身分的族群所融合成一體，國族的根基與架構是屬於包容性
的組合；故認同的重要性在於鞏固國族組合後團結的穩定性，從中國歷史放
眼至全世界，吾人可直言國家的興亡，乃決定於國族體系下各族群之間關係
的發展及融合的演進。

　　臺灣在近代史的變遷中，尤其是外省老兵淪為難民並定居後，意外的產
生了不同的言語，相對地也啟發出不同的意涵，臺灣在國民黨治理的初期，
因為二二八事件與白色恐怖的影響，對於外省族群的認識無形中在內在就產
生偏差的想像空間。我們必須正視在因國共內戰與臺灣歷史相互的衝擊下，
就要重新思考群體認同的條件與元素，就如同哈羅德‧伊薩克（Harold R.
Isaacs）在《族群 Idols of the Tribe》中提出精闢的見解，如後：

> 基本群體認同的各個元素以多種方式進行融合，而且變化多端，沒
> 有固定的模式。它們不是機器壓製出來的東西，而是藝術品。把它
> 們放在一起，儘管看起來十分神似，但實際上卻沒有兩個是完全一
> 樣的，各自的生滅也沒有一定的規則可循。觀察每個要素時，不僅
> 看它過去發生的原因、它的來源，而且要看它演變的過程，看它今
> 天在此時此地、在這些人、在這個環境中發生作用的原因。〔註64〕

歷來的改朝換代，消失的只是政權而不是民族，但是民族的延續正是國家的
根本要素。由上段引文可知，在國族體系下，大家都屬華夏民族，當然除了
原住民外；但無論如何，在臺灣這塊土地的所有人，必須打破自我分歧的疆

〔註63〕段彩華：《北歸南回》，頁 145。
〔註64〕哈羅德‧伊薩克（Harold R. Isaacs）著，鄧伯宸譯：《族群 Idols of the Tribe》，
　　　　頁 302。

界，特別以藝術品來形容認同的境界，也就詮釋出縱然在多個群體所組成的國族下，就算各群體之間的差異性再大，其本質也絕不是永恆持續的，會隨著時空而改變。就如小說中的于思屏在臺灣重組家庭，他們的配偶均來自臺灣各族群，尤其在眷村顯而易見，以如此現象而言，我們可以說在那個年代的臺灣，外省老兵最先打破地域與省籍的觀念，也是最早實踐族群融合先驅者。回溯歷史重新思辨，梳理出中國大陸與臺灣各方面的變化與發展方向，就會產生深刻的反省與朝向未來的新想像。

　　「中國屬性」與「臺灣屬性」是否要結合各學者的論調再繼續討論下去，當然是沒有標準答案的，任何事件的產生都會有其隱含的意義，但影響整體性的觀感卻是有「相對性」與「絕對性」的無限延伸。段彩華在《北歸南回》這個書名上，已經很直接地告訴讀者，所謂「北歸」是回歸故鄉，「南回」則是重返臺灣，小說中的老兵，甚至包含他自己在內，已明確表達「臺灣心、中國情」的心境變化，這個結論也應驗在訪談榮家老兵的身上。最後，以白魯恂（Lucian W. Pye）一句話來結束本小節的論述，他說：「族群意識可以建立一個國家，也可以撕裂一個國家。」〔註65〕這是一段很驚悚的警告，我們是否應該結束有關「屬性」的話題，以免再度的引起國族分裂的危機。

三、在地化，家臺灣

　　《北歸南回》中的方信成與唐月蓉，在母親的催促下，盼到有情人終成眷屬。母親與妻子都在家鄉的情況下，按常理說方信成應該是留居大陸，但他卻要將母親與新婚妻子一起接回臺灣居住。這是一段意義深厚的鋪陳，意謂在臺灣的老兵已與臺灣這塊土地緊密的連結，以及原生之地已不是家鄉，真正的家鄉在臺灣。〈失去籍貫的空中飛人〉一節，敘說江昆與同袍聊及被迫成為「空中飛人」，表達出落腳歸途之所在：

> 「你真正想去的地方是那裡？」
>
> 「臺灣。」
>
> ……
>
> 「那多難過，沒有歸屬感了，沒有落腳的土地了。」趙立和說。「所

───────────

〔註65〕白魯恂（Lucian W. Pye）：〈族群認同的先知〉，哈羅德‧伊薩克（Harold R. Isaacs）著，鄧伯宸譯：《族群 Idols of the Tribe》，頁19。

以我在唱〈我家在東北松花江上〉以後，又在飛機的客艙裡，唱〈寶
島姑娘〉了。」

「為什麼要唱〈寶島姑娘〉呢？」季里秋問。

「前一支歌，使我失去生身土，後一支歌，使我得到落腳土。江昆
說：唱〈寶島姑娘〉，我的心裡念著臺灣啊！」〔註66〕

這段對話暗喻外省老兵已經脫下「外省」的包袱，江昆是安養於榮民之家，
也是小說筆下若往生則以放鞭炮通知大家的老兵，像他這樣隻身在臺的老兵，
是有條件留置大陸故鄉直到終老，然江昆卻有「家臺灣」的執著。人，活在這
世界上為了追求自我而不斷在選擇。這些老兵在經歷返鄉之後，家鄉已不再
是家鄉，一個人生活在另一塊土地上的時間遠超過其原生的地方，那麼他所
依戀與認同的家，當然就是他最熟悉的臺灣。這塊土地也正是老兵們賴以生
存之地，所有情感的釋放也就與這塊土地息息相關。

老兵返鄉後仍執意回臺灣的例子，也可見於履彊〈老楊和他的女人〉，小
說描寫老楊返鄉時的情景，在大陸苦守四十年的妻子以及全村老少敲鑼打鼓、
放鞭炮歡迎他；然而他仍掛念臺灣山裡的女人和畜牲，最後決定返臺。〔註67〕
就如段彩華《北歸南回》中于思屏與季里秋的對話：「母親就是故鄉」，「如果
母親不在那一邊，故鄉的溫情也就失去很多了。」〔註68〕無論是老楊或于思
屏、季里秋，臺灣已成為他們安身立命之地。

政局隨著國家情勢而瞬間轉換，外省老兵們在加入軍隊的第一天，無論
是被迫或志願的開始，一輩子忠心追隨執政的國民黨，在民主國家的政黨輪
替運作下已經走入了歷史。取而代之的新政權，卻是與他們的認知與觀念截
然不同。這一批新興的政治勢力團體，是在蔣經國總統時代致力於本土化的
落實而羽翼漸豐，本土勢力不斷結合民間的思維，吸取政治的資源，一舉拿
下統治中華民國的管理權。在政權的和平轉移時，這些老兵雖然頓挫一時，
難以接受國民黨成為在野黨，但現實的國家命運，與在臺灣至少五十年的日
子，並沒有讓這些老兵懷憂喪志，依然平靜的在這塊土地上安享餘年。這些
老兵心境的轉換，正如《北歸南回》中于思屏吐露的心思，他說：「平常在臺
灣，想吃家鄉菜，等到回到家鄉，知道一些情形後，家鄉菜反倒吃不下了。你

〔註66〕段彩華：《北歸南回》，頁145。
〔註67〕履彊〈老楊和他的女人〉，齊邦媛、王德威合編：《最後的黃埔》，頁78、79。
〔註68〕段彩華：《北歸南回》，頁73。

說奇怪不奇怪？」〔註69〕段彩華以食物的選項比喻成複雜的心境，老兵們在臺灣定居後，從寄望到期待、從幻想到夢境，這些變化是因政治的體系與政權的轉移所致。哈羅德‧伊薩克（Harold R. Isaacs）在〈自序‧政治變遷壓力下的族群認同〉中，有段話也印證了這個必然性，他說：

> 全心投入瞭解政治的某些本質，尤其是歷經政治變遷之後，我發現，
> 對於基本群體認同的本質，我還需要下更多的功夫，而最佳的途徑
> 莫過於從基本處著手，即它的源頭。唯有如此，我才能夠看清楚，
> 族群認同這個因子是如何在政治中穿梭往來，又是如何使我們全都
> 身陷其中。〔註70〕

族群的歸屬在認定上皆與政治氛圍有關，外省老兵族群在未解嚴之前，他們的身分地位在這個國家是被肯定的；因為臺海兩岸之間仍處於對抗的局勢，這些老兵適逢壯年時期，無論在營或在民間都是保衛與建設國家的基本人力來源。他們在國民政府積極的輔導之下，為這塊土地上立下了汗馬功勞，同時也對這塊土地投入深厚感情。雖然反共復國的口號不再重現，老兵們在臺灣娶妻生子，也就是他們「在地化，家臺灣」永續綿延後代的抉擇，間接的開創了族群融合的時代意義。

小結

老兵的悲情隨著自由民主的進程已逐漸淡化，段彩華《北歸南回》的獨特性，就是在化解悲情，重新塑造老兵的形象，過去的遭遇在段彩華的筆下，定位為中華民族在二十世紀一次的劫難，這個劫難就是「國共內戰」。《北歸南回》看似同出一轍的老兵返鄉書寫，但藉助情節起伏的發展，就好像將不堪回首的歷史記憶，從離散的悲情轉變成開創新局的動力。段彩華在徐州以中學生的身分加入幼年兵，開啟軍旅生涯，在他筆下老兵的形象，就是寫他自己與同袍的寫照。林秀玲〈鄉歸何處？〉曾提及段彩華是如何定位小說裡的老兵，她說：

> 段彩華的主角都是社會的邊緣人，這些老榮民在時代夾縫中進退失

〔註69〕段彩華：《北歸南回》，頁228。
〔註70〕哈羅德‧伊薩克：〈自序‧政治變遷壓力下的族群認同〉，哈羅德‧伊薩克（Harold R. Isaacs）著，鄧伯宸譯：《族群 Idols of the Tribe》，頁25。

　　據，尷尬窘況畢露，失鄉、尋鄉，失而復得，或得之又不如不得，

　　所以謂之「北歸」，又「南回」。〔註71〕

1949 年這批年輕的外省族群，跟隨部隊轉進中國大陸戰區，沒有馬革裹屍戰死疆場的幸運者，最後退守臺灣，這些人所罣礙的「鄉愁」是矛盾且複雜的。小說中的季里秋與于思屏舅甥兩人，他們的作夢過程與夢中影像，呈現的是老兵們思鄉情緒抒發的極致；趙立和被韓戰的生死瞬間的恐懼，使他罹患精神失調症。這些老兵縮影，見證一萬四千名反共義士的痛。小說中文化大革命與天安門事件的入題，段彩華藉此強烈指責與控訴中國共產黨的獨裁暴政，但是小說結局他仍希望兩岸在共榮共存下，一起攜手邁向和平。

　　面對國家詭譎的政局，縱然已隨著政黨輪替已勵行民主政治多年，但是政爭的紛擾持續不斷，尤其每逢選舉階段就會有候選人常以撕裂國族為政見訴求，就如白魯恂（Lucian W. Pye）在〈族群認同的先知〉序中提到：「在政治上，由於權力關係的無常，在誰上誰下的鬥爭中，動員支持者最有效的基本法鬥仍然有賴族群認同這塊基石。」〔註72〕現今國家發展正邁向穩定中求進步，在屏東榮家的老兵訪談中得知他們對國家的認同始終如一〔註73〕，也就是無論國境在何處，他們依然效忠歷久不衰的國號，也就是「中華民國」，且認定臺灣就是自己的家鄉。1949 年的來處，對他們而言僅是充滿回憶的故鄉而已，外省老兵的族群已成為國族的一分子，團結同心在臺灣這片土地上追求美好願景，這也正是段彩華《北歸南回》的核心意識。

〔註71〕林秀玲：〈鄉歸何處？〉，張恆豪：《臺灣當代作家研究資料彙編‧86‧段彩華》，頁 322。

〔註72〕白魯恂（Lucian W. Pye）：〈族群認同的先知〉，哈羅德‧伊薩克（Harold R. Isaacs）著，鄧伯宸譯：《族群 Idols of the Tribe》，頁 22。

〔註73〕參見附錄二。

第五章　《北歸南回》中的寫作技巧

　　段彩華一生以寫作為職志，在其漫長創作生涯中，隨著人生經歷的豐富與寫作技巧的精進，其小說成就在臺灣軍人作家中值得關注。《北歸南回》以第三人稱為敘事觀點，透過老兵因戰爭的離散漂泊，表露時代荒謬的悲劇，也從中探討「家鄉中的記憶」與「記憶中的家鄉」的拉扯關係，並反思國族身分認同的議題，內涵上超越以往的格局。至於在敘事手法上，則運用人物心理的刻劃、時空交錯的敘事，以及符碼意象的暗示等技巧，表達深刻的思想內涵。小說透過段彩華將季里秋、于思屏與方信成三位主角，以及在榮民之家就養單身老兵的小人物，讓「我」心理的洄游表現產生了相互呼應與襯托的作用。其次，小說中的時間波動一直存在，這種現象就如人類思考時發生跳躍式的連接一般，穿梭過去、現在與未來；藉助時間的穿梭，表露老兵的後悔與無奈，同時藉著故鄉空間景物前後的變化來隱喻老兵家國認定的轉移。除此，段彩華也以替代物的符碼構思，引導讀者從文本細節去推測代碼的暗示，並由此進入深層意涵的解讀。本章重點在於探究《北歸南回》的寫作技巧，依序就人物心理的刻劃、時空描寫的手法、敘事符碼的構思探析，以彰顯段彩華的藝術成就。

第一節　人物心理的刻劃

　　小說的可看性在於人物的塑造，從古典到現代，如唐傳奇文言小說〔註1〕，

〔註1〕參見束忱、張宏生注譯：《新譯唐傳奇選》（臺北：三民書局，2008 年 2 月。）

到魯迅〈孔乙己〉〔註2〕、張愛玲〈金鎖記〉〔註3〕，這些膾炙人口的小說流傳至今而不衰，其主要原因在於人物的塑造。其中人物塑造中的動作行為、言語對話，以及心理描寫，可說是小說創作的關鍵，羅盤《小說創作論》曾提出以下的見解：

> 在人物描寫中，與動作有同具貢獻的，一者是對話，一者是心理描寫。……動作與對話固然可以顯示一個人物的性格，可是以這種方式來窺視人物，都是由外而內的；它們都是表面的，不容易深入，感人力不夠。而以心理活動來表現一個人，則是由內而外的。作者筆下的人物彷彿是個水晶體，讀者不但可以欣賞其外貌，還可以洞悉他的內在。這樣，使讀者看起來就會覺得過癮多了。〔註4〕

小說人物性格的辨認，通常來自個人的動作行為與言語對話，當然內在心理也不可忽略，其變化的頻率表現於個人的動作行為與言語對話，繼而左右人物性格的定位。就小說創作而言，作者往往必須先設定人物的心理屬性，才能將小說人物的動作行為與言語對話演繹出來；換言之，當小說人物被賦予主體性的地位時，更有助塑造具有血肉的形象。

人物的心理刻劃，還受到外在環境，以及人物內在的知識力與意志力等因素的影響，如此外在與內在各種力量的交互作用，呈現人物複雜多變的心理狀態。劉再復在《性格組合論》中說：

> 心理特徵並不完全就是性格特徵。性格除了受心理因素的作用之外，還受環境的作用，還受人身上的其他力量，如知識力與意志力的影響，心理過程可以影響個性，而意志力反過來也可以影響心理過程。……人的性格正因為受到外部與內部各種力量的綜合作用，因此，它總是呈現出複雜的非恆定狀態。〔註5〕

就外在環境而言，一個人的身處環境，足以影響其心理的發展狀態，如《北歸南回》陳述國共內戰及韓戰對當事人物的後遺症，這些人物始終活在戰爭的陰影之下，血肉模糊的生死交織成為他們揮之不去的恐懼。知識力就是了

〔註2〕 魯迅：〈孔乙己〉，收錄於魯迅：《吶喊》（天津：百花文藝出版社，2004 年 7 月。）

〔註3〕 張愛玲：〈金鎖記〉，收錄於張愛玲：《傾城之戀》（臺北：皇冠出版社，1991 年 8 月。）

〔註4〕 羅盤：《小說創作論》（臺北：東大圖書股份有限公司，1980 年 2 月），頁 91。

〔註5〕 劉再復：《性格組合論》（北京：中國人民大學出版社，2010 年 1 月），頁 278。

解事物的能力，人類在經過學習之後，所獲得的理解程度也就是個人的領悟力；意志力則是人類為實現自我設定的目標，在實踐上表現出堅持的態度。就小說人物的內在知識力與意志力而言，如趙立和每當腦海出現在朝鮮戰場的情境時，因知識力的不足讓其罹患精能官能症，故意志力受其影響而連帶的薄弱，終其一生因病所苦；另一個方信成則以鍥而不捨的意志力，託請于思屏在探親後前往重慶時，順道打聽母親與未婚妻唐月蓉的下落，〔註6〕最後在于思屏的堅持與巧思下，終於如願以償也將好消息帶給了方信成，在四十年後的分離母子終於團聚，有情人也終成眷屬。正如上述引文所言，人物的內在心理會影響個性，而意志力反過來也會影響內在心理。

　　基於上述，人物的心理刻劃，可以由外而內，從人物的動作行為、語言對話、身處環境等面向探知；也可以由內而外，就知識力與意志力等因素影響心理的過程，來剖析其內心世界。本節將結合精神分析相關論述，分析《北歸南回》中人物的心理轉折變化，依序就「北歸南回的心理衝突」與「戰爭創傷的後遺症」二節窺探小說中如何進行老兵的心理刻劃。

一、北歸南回的心理衝突

　　《北歸南回》中的老兵從離散、返鄉，到以臺灣為家，其心理變化轉折的過程，可說是作者描寫的重點，由此烘托出人物的性格與國家的認同。老兵們從原本堅定返鄉的意志，因外在局勢的變化有鄉歸不得，之後又經歷開放返鄉探親的衝擊，作者細膩呈現這些過程的心靈解剖圖，由此可見這部小說的寫作特色。劉世劍在《小說概說》說：

> 現代社會生活豐富了人的心理內容，造成了人的多層次的心理結構，文學轉向人物內心世界的傾向日益明顯，從而大幅度提高了小說創作中心理描寫的地位和作用。心理分析是一種常用的心理描寫技法，特點由敘述人直接分析、剖示人物在特定場合中的思想感情。有人說這種寫法是給讀者提供心靈「解剖圖」。〔註7〕

人類的心理結構複雜而多層次，也就是說人類的內心深處對於事物的判斷與看法有所差異。值得注意的是，小說人物的心理分析，能引導讀者了解其在

〔註6〕參見段彩華：《北歸南回》（臺北：聯合文學出版社有限公司，2002年6月），頁158、159。

〔註7〕劉世劍：《小說概說》（高雄：麗文文化事業股份有限公司，1994年11月），頁95。

故事中存在的意義與影響。一部小說的暢銷程度取決於情節的安排是否能悸動人心，故作者豐富的人生閱歷與書寫技巧的淬鍊，足以左右小說內容的吸引力與想像力；而人物性格的塑造與即時性的心理反射正是關鍵之所在，故作者在小說創作之時，就必須對自己的狀態處於最佳境界。劉世劍在《小說概說》也提到：「寫小說既是一個複雜的心理活動過程，一個艱苦的創造性的腦力勞動，過程又是一個長期的生活實踐的過程。」〔註8〕段彩華《北歸南回》也正是他一生經歷的縮影，小說以第三人稱旁觀的敘事觀點述說大時代的故事，更是作者藉小說創作的思考邏輯來自我填補心理的缺憾與心靈的平衡。

當政府開放探親返鄉之後，家、國的認定與歸、回的動機已重新組合排列，《北歸南回》中表達老兵們在親眼目睹陌生的家鄉而感到失望。這樣的心理衝突書寫，是作者想藉作品為其「受挫的慾望」找尋一種「替代性的滿足」，王溢嘉在《精神分析與文學》中曾言：

> 作家之所以提筆，是想藉作品為其「受挫的慾望」找尋一種「替代性的滿足」，文學作品乃是與「現實相反的幻覺」，但它不像其他幻覺，「幾乎說可以是無害而有益的」，因為「幻覺是他所追尋的唯一目標，除了少數為藝術著魔的人外，藝術從不敢對現實的領域作任何攻擊。」文學作品的主要功能之一是當作麻醉劑，它具有夢的特徵——佛氏稱之為「內在自欺」的扭曲。〔註9〕

這本小說最大的亮點就是將活躍其中的人物，以作夢與回憶來維持心目中家鄉的原貌，更營造出幻覺的情境，段彩華有意藉文字梳理老兵們的思鄉情怯，同樣是老兵身分的他，亦有思鄉欲還鄉之渴望。四十年來被臺灣海峽阻絕親人的音訊，尤其是將自己化身為小說中關鍵人物之一于思屏，段彩華以畢生所累積文學創作的素養完成這部《北歸南回》，誠如佛洛伊德所說作家之所以提筆，是想藉作品為其「受挫的慾望」找尋一種「替代性的滿足」。

《北歸南回》故事的起筆，就以大自然季節與植物的變化，牽引出老兵們對家鄉的思念與歸屬，因為家鄉的土地象徵著生母的子宮，是孕育生長的源頭。誠如劉滌凡〈黃春明〈看海的日子〉——文中「永生」神話原型的研究〉提到：

〔註8〕劉世劍：《小說概說》，頁259。
〔註9〕王溢嘉編著：《精神分析與文學》（新北市：野鵝出版社，1989年9月），頁30、31。

因為，人類自脫離母體以後，就不可能重返子宮。當生命遭受一連
串苦難與挫折之後，就會出現焦慮感，企圖回到生命最初的本源，
以求解脫，或安頓支離受傷的心靈。因此在臺灣小說文本中，「回歸
初生的故鄉」，便成為「返回子宮（樂園）」的母題。中國古代文人
處亂世，也都有歸隱山林的行徑，如陶淵明的〈歸去來兮〉，事實上
就是「返回子宮」的宣言。〔註10〕

回歸之意就是生命體回到初始，在子宮與故鄉互相照映下，母親的想像就自
然的被啟發。因為家鄉是唯一能庇護他們之所在，就如同胎兒在母親的子宮
般，來表現老兵們在 1949 年離家後一直無法忘卻的返鄉心願。

小說中描寫道：「是秋天了，風裡旋著幾片黃葉，在灰色的天空前面飄動。
碧綠的欒樹梢頭，……透著異鄉的情調。」〔註11〕在黃葉與灰色天空的交織
下，作者一開始就將小說的氣氛帶入令人沮喪的心情，隨之以欒樹呈現人在
異鄉的苦悶。小說中的「欒樹」是臺灣特有種〔註12〕，在此意指老兵在開放
探親前仍將臺灣視為異鄉。小說又接著寫道：「前面和後面，坐的全是頭髮斑
白的老年人，臉上現出落寞和痛苦。這是一輛開往榮民總醫院的公車，……，
都是中年以上的外鄉人。」〔註13〕道盡在公車上以「外鄉人」自居老榮民在
流落異鄉的苦悶心情。段彩華以欒樹、白髮老年人、外鄉人與榮民總醫院等
意象，來象徵老兵們當時的生活樣態。

《北歸南回》中的人物面對事件的發生，其當下的反應與認知都是在自
我意識下的運作，讓人物性格上也表現出理性的一面，而接受家鄉一切的變
異現實。正如在〈陌生女兒的照片和回憶〉一節，小說提到季里秋接獲素未
謀面女兒的來信時，當下的內心充滿著疑惑與不解：

坐在椅子裡以後，打開那封信，先看見一張陌生人的照片，他皺皺
眉頭，把照片放在茶几上，才展開信紙，心裡感到重重的一擊，因

〔註10〕劉滌凡：〈黃春明〈看海的日子〉──文中「永生」神話原型的研究〉，《通識
　　　　學刊：理念與實務》2 卷 2 期，2013 年 6 月，頁 103。
〔註11〕段彩華：《北歸南回》，頁 7。
〔註12〕臺灣欒樹是臺灣特有種，也就是全世界只有臺灣有這種植物，主要分佈在低
　　　　海拔、陽光強的地區。由於其耐污染、吸收廢氣能力強的特性，因此在高速
　　　　公路沿線，及全島各地，多植為行道樹。參見中央研究院數位典藏資源網：
　　　　《專題文章：臺灣欒樹》，網址：〈https://digiarch.sinica.edu.tw/content/subject/
　　　　resource_content.jsp?id=442〉，檢索時間：2020 年 8 月 13 日。
〔註13〕段彩華：《北歸南回》，頁 7。

> 為信上的稱呼他連作夢都想不到的。
>
> 敬愛的父親大人：……
>
> 看到這裡，季里秋的兩眼模糊，眼淚再也忍不住，一行一行的滾下
> 來。他用袖子擦一擦，心裡又響了一句：「我那來一個女兒呢？」從
> 頭看一句起，他就十分奇怪了。「我怎會有個女兒呢？」一面看信，
> 一面覺得納悶，心裡老是響著這一個聲音。……又整頓一下情緒，
> 他看著那三張合照的照片。……一模一樣啊，真是一模一樣啊這個
> 叫美娟的女人，長得太像她的母親了。〔註14〕

以上季里秋內心的聲音，在還沒接到女兒的回信前，他長期孤獨地生活於臺灣，迫於現實處境，唯有壓抑著因此才會重複的自問並無法接受已有女兒的事實，之後看過女兒的照片，加上前妻曾告知的記憶瞬間破繭而出，原先質疑的想法在心思的轉圜下，加上在姐姐們的證詞與女兒照片的比對下，季里秋終於接受有女兒的事實。

《北歸南回》中的孤兒袁火，在家鄉印象的茫然下，只憑著一團紅紅的烈火的記憶，對於身世的真相呈現出孤寂的心理樣態，無奈之下只得寄託於江昆在榮民之家所蓋的小祠堂：

> 季里秋走到院子一邊，看見一個小祠堂搭在拐角上，裡面供著牌位。
> 有些老人想起祖先，就到那燒香。牌位上不寫任何一個字，誰去跪
> 拜默禱，就代表誰的心願。他是百家姓裡每一個家族的，不是一個
> 家庭的。是江昆蓋的，卻不是他的。〔註15〕

在榮民之家祠堂裡的牌位是不刻字的，隱喻著老兵們對祖先的緬懷，尤其對於像袁火這樣身世的人，更說明在身世不明的情形下，心理的虛空是無法填補的缺憾；但在為人子孫必須持有追本溯源的道德觀念下，依然在內心深處存在家族的觀念，正如小說中將袁火的樂觀心態描寫的淋漓盡致：

> 江昆蓋的祠堂，對他最有用。到大陸上去找一親等、二親等、三親
> 等的人，他一個也找不出來。他說，他只能找到一萬親等的親人，
> 那就是軒轅黃帝。說過以後，他就吹幾聲口琴，笑幾聲，再吹幾聲
> 口琴，笑幾聲，最後哈哈大笑了。……總之，他不是黃河的孩子，
> 就是長江的孩子。他的名子也特別，是在炮火裡撿到的，最早的記

〔註14〕參見段彩華：《北歸南回》，頁49～55。

〔註15〕段彩華：《北歸南回》，頁41。

憶裡又只有火光，取名就叫袁火。〔註16〕

袁火自嘲的說如果要追根究底他唯一所能找到的親人，那就是軒轅黃帝，也是中華民族的共同祖先；火光只是一個物理現象，黃河、長江卻只是個地理名詞。段彩華用來形容袁火的出身，火光象徵戰火下讓人民流離失所的中國，長江與黃河代表中國的發源與興盛，也是全中華民族的母親河。在無根可尋的無奈下，袁火只能追尋超我的境界，藉助道德禁制來維護良知與自尊。

當家、國的辯證與歸、回的確認延伸出與親人、家鄉之間的心理衝突時，人物的性格就會產生變化，也就是說環境影響了人物的性格，胡亞敏在《敘事學》中也談到這之間的因果關係：

性格的必然性總是通過雙向的可能性表現出來，這構成性格的內在矛盾性，而這種性格的內在運動又總是處在隨機變異的環境中，環境的變異作為一種外部力量推動著性格矛盾運動，構成性格雙向可能性的動態過程，及不斷的背叛自己又回歸到自己的過程。當人物處於異質環境時，性格就朝著負方向運動，此時人物就背離自己；當人物處於同質環境時，性格就朝著正方向運動，這時人物又回歸自己。〔註17〕

上述這段引文，正好解釋發生矛盾與衝突的原因。若是在急促的環境變遷中，當人物的反應緩不濟急，也就說它被陷入不熟悉的狀態，但又在先天具有協調的使命感之壓力下，因協調不成產生焦慮不安，如此惡性循環下，因而導致人物性格的不穩定。小說在〈歸鄉路上笑話百出的〉一節，以殷家勝在乘坐返鄉的火車上所發生的事件為例〔註18〕，將四十年後老兵在首次返鄉途中，既歡喜又怕受傷害的心理變化進行細膩描述。殷家勝與季里秋在開往濟南的火車上，服務小姐即向車廂內所有旅客宣布他倆臺胞的身分，受到全體矚目與熱情鼓掌；此時，殷家勝的內心感到歸鄉之喜與被認同之歸屬，有如重回母體般溫暖。段彩華再以洗手間作為轉換心理變化的介質，將殷家勝帶入上層車廂，原周圍的人與物讓他以為被設計，進而現出激動的反應，這種反應正是老兵們在兩岸熱絡交流的當下，對大陸官方仍然無法信任與接受。雖然經服務小姐告知走錯樓層，並自我解嘲乃來自香港，刻意隱藏返鄉探親的身

〔註16〕段彩華：《北歸南回》，頁 42。
〔註17〕胡亞敏：《敘事學》，頁 257。
〔註18〕參見段彩華：《北歸南回》，頁 86。

分。事實上，是因為老兵們早已家臺灣扎根的意識與寄望。因環境而產生心理幽微的變化，段彩華將之細膩描繪。

　　家的原味不在，大中國的憧憬在國共內戰的結局下已成為中華民國在臺灣，如此殘酷的事實，改變了老兵對家、國的想像，也決定了老兵在第一次探親後北歸、南回的抉擇。正如小說中的每位老兵，過去一直存在「內在自欺」的心理，在故事情節的變化下，以失望擊碎了持續四十年纏繞在身的幻覺，改變了處理家鄉事務的態度，摒棄過去的執著也不再依戀與寄望。

二、戰爭創傷的後遺症

　　佛洛伊德在 1915 到 1917 年，於維也納大學授課講義中，曾就一般精神官能症狀態剖析戰爭對個人身心的影響：

> 在創傷性精神官能症中，尤其是那些由戰爭的恐怖而引起的創傷性精神官能症中，我們可以清楚地看出自我利己的動機，他尋求保護與利益──這種動機本身不足以治病，但一旦疾病已發生，則會得到它的贊同和維護。這種動機力圖保護自我，使它能在誘發疾病的危險情境中保全自身，它不允許恢復健康，除非這些危險以不再有捲土重來的可能，或它已為所承受的危險得到了補償。〔註 19〕

恐懼與無助會嚴重影響身心的發展，尤其是親臨過戰場的軍人，他們曾經在槍林彈雨下求生存，更在兩軍對峙的情形下必須近身肉搏廝殺。在戰場上每日過著膽顫心驚的日子，不知道自己是否還有明天，他們被迫接受兩種選擇，那就是殺人或被殺，在這樣的精神壓力之下，內心種下無法解脫的陰霾。就算他們成為戰爭的倖存者，或皮肉之傷被治癒，但內心的重創卻成為無法擺脫的遺憾。

　　在《北歸南回》中，方信成在國共內戰的一場戰役中負傷，民國三十八年，他曾參加徐蚌會戰，一塊砲彈皮迸進頭左邊。〔註 20〕趙立和從軍抗日，雖未得志但先參與國共戰爭，後因中途部隊收編，從國民黨軍轉為共產黨軍，更莫名派往朝鮮參與韓戰。〔註 21〕至於袁火雖沒有實戰經驗，但他剛出生時，

〔註 19〕西格蒙德‧佛洛伊德（Sigmund Freud）著，彭舜譯：《精神分析引論》（新北市：遠足文化事業股份有限公司，2018 年 11 月），頁 431。
〔註 20〕參見段彩華：《北歸南回》，頁 14。
〔註 21〕參見段彩華：《北歸南回》，頁 168。

就在抗日戰爭慘烈的城市被遺棄。〔註22〕段彩華塑造這三個人物來見證大時代的辛酸史。他們在戰火中為了求生存不得不面對戰爭的恐懼與殘酷，因此有許多老兵就會有如趙立和般患有「戰爭創傷的後遺症」。身患這種精神官能症的老兵在佛洛伊德認為都是「因逃避而生病（flight into illness）」〔註23〕正如趙立和下榻在上海的一家飯店吃晚餐時，正巧電視撥放以韓戰為背景的電視劇，讓他坐立難安，最後索性放下筷子走出了餐廳。趙立和在往事不堪回首的心理障礙下，唯一能做的便是起身遠離，避開讓他再度恐懼的現場。像趙立和這樣終身刻意遺忘作戰的經歷，以逃避回憶來自我保護的老兵不少，一輩子得背負痛苦的記憶度過餘生。

　　戰爭是實現政治的手段，付出成本對國家而言是無法預估的。最不幸的是在戰場廝殺而僥倖的生還者，就算是戰事結束，他們的身上依然隱藏著心理的壓抑與創傷，佛洛依德《精神分析論》就有提到：

> 至於創傷性精神官能症中——尤其是由於戰爭的恐怖而引發的創傷性精神官能症，使我們產生特殊印象的，則是自愛自私的動機，及自衛和對自我利益的努力，單單有這些，也許尚不足以致病，然而疾病既經形成之後，便賴以維持其勢力。這種趨勢的目的，在於保護自我，便不致有引起疾病的危險；它也不願恢復健康，除非危險已不再有重來侵犯的可能，或者除非是由於遭遇危險，卻已得到相當的補償。〔註24〕

以上這段引言，已將這三位代表人物所產生的思維與動作做了最佳解釋，親歷戰場上的慘烈是心理無法弭平的深溝，這深溝的意象就是所謂的「特殊印象」。方信成在徐蚌會戰所受的重傷，隨著槍林彈雨場景再現的恐懼讓他日夜頭痛。袁火最早的記憶又只有火光，所以他說，他只能找到一萬親等的親人，那就是軒轅黃帝〔註25〕；因戰爭讓袁火成為孤兒，這樣失親刻骨銘心的傷痛，一直與他共存了一輩子。趙立和因韓戰不堪回首在行為上也產生了偏差，他說：「這些日子，我用肥皂洗，去污粉洗，沙拉脫洗，漂白粉洗，又用絲瓜瓢

〔註22〕參見段彩華：《北歸南回》，頁42。
〔註23〕佛洛伊德（Sigmund Freud）著，楊韶剛譯：《佛洛伊德之精神分析論》，頁21。
〔註24〕佛洛伊德（Sigmund Freud）著，楊韶剛譯：《佛洛伊德之精神分析論》，頁21、22。
〔註25〕段彩華：《北歸南回》，頁42。

擦，鐵刷子搓，就是洗不掉這兩行刺青——很惹眼的字。」〔註26〕，這三人內心創傷跟隨一輩子，如于思屏在上海與袁火、趙立和分手，各自返鄉的前一天，深感袁火與趙立和都有來自抹不去的戰爭創傷，一個是害怕記憶，另一個是尋找記憶。由上觀之，正如佛洛伊德所說創傷性精神官能症是一直存在著。

這些老兵的創傷來自大時代的戰爭悲劇，他們經歷永別雙親的遺憾與槍林彈雨下的恐懼，其幽微的內在世界，在段彩華筆下逐一被細膩剖示。Jane Milton 在《精神分析導論》中也曾提及戰爭所帶來的精神創傷：

> 第一次世界大戰的「砲彈休克」也是歇斯底里的一種形式。那些在壕溝裡打仗、不得不超過情緒極限的男人們有時會崩潰，轉入緘默不語或癱瘓的狀態。……總在我們發現，那些遭受創傷及壓抑的個體（……或士兵）被推到極端，且不能直接表達他們的絕望和憤怒，只能以這樣的形式崩潰，將強大的攻擊性情感以外投射到他人身上的方式表現出來。〔註27〕

戰場上總是出現血肉模糊與死亡的畫面，受困的士兵必須時時刻刻面對死神的召喚，在極致恐懼的心理壓力下，他們的精神狀態就產生了變化，進而影響本能的行為模式。就如同《北歸南回》中的方信成，原以為頭疼是因為砲彈碎片卡在頭骨所致，然事後再確診竟然是一種感冒的徵狀。段彩華藉此事來凸顯對於經歷過戰爭的軍人，其所造成的心理傷害是一輩子的痼疾，而如方信成能痊癒的老兵則是寥寥無幾。

第二節　時空描寫的手法

時間是敘事文的基本，小說情節的構成有賴時間的整理，就如船舶的俥舵掌握著行駛的速度與方向，故事的高潮起伏也需時間的襯托才能彰顯其效果。胡亞敏在《敘事學》中，曾敘及時間對敘事的重要性：

> 敘述文屬於時間藝術，它須臾離不開時間。取消了時間就意味著取消了敘事文。在這個意義上，時間因素與敘述者一樣，是敘事文的基本特徵。敘事文又是一個具有雙重時間序列的轉換系統，它內含

〔註26〕段彩華：《北歸南回》，頁39。
〔註27〕Jane Milton 等著，施琪嘉、曾奇峰譯：《精神分析導論》，頁66、67。

　　兩種時間：被敘述的故事原始或編年時間與文內中的敘述時
　　間。……敘事文的這種雙重時間性質賦予了敘事文根據一種實踐去
　　變化乃至創造另一種時間的功能。〔註28〕

上述引文提到敘事文是一個具有雙重時間序列的轉換系統，這與段彩華善用的蒙太奇電影技巧有異曲同工之感。《北歸南回》〈車廂中的回憶〉〔註29〕中，段彩華以回憶的手法，讓讀者隨著小說人物回到故事的起點。如于思屏在回鄉的路途中，看著車窗外的風景，腦海中四十年前的往事逐漸地浮現，將他拉回到 1948 年在徐州時參加升學考試的經過，以及在家鄉辭別母親，搭上最後一班離開徐州的火車，隨軍轉進的離鄉情景。現在與過去的時間重疊，將事件發生的始末以回憶交代原委。又段彩華在該目次特別強調影響于思屏一生的關鍵時刻〔註30〕，以時間為主要敘述對象，用時間交代小說人物的身世，擴充了小說敘述的空間，也增添了令人玩味的情節。約瑟夫・弗蘭克（Joseph Frank）在〈現代小說中的空間形式〉提出「通過來回切斷，取消時間順序」〔註31〕的說法，藉此界定現代小說與傳統小說的類型，正如段彩華的書寫打破傳統，放棄了時間順序的進程，而將結構與空間作為小說情節的主架構。

　　影響小說中人物性格以及故事發展，除了時間元素外，還受到空間因素的擺佈，這裡的空間意即作者在小說裡所創造的環境。在描寫人物性格變化的觸發點時，作者往往會隨著時間流逝讓其自然改變；值得注意的是，空間方面也會因外在環境異動而有所影響，故小說中的空間佈局也是左右情節發展的重要考量。劉再復《性格組合論》即言：

　　性格的必然性總是通過雙向的可能性表現出來，這構成性格內在矛
　　盾性，而這種性格的內在運動又總是處在隨機變異的環境中，環境
　　的變異作為一種外部力量推動著性格矛盾運動，構成性格雙向可能
　　性的動態過程，及不斷的背叛自己又回歸自己的過程。當人物處於

〔註28〕胡亞敏：《敘事學》，頁 63。
〔註29〕段彩華：《北歸南回》，頁 189～203。
〔註30〕「十一月七日和十一月八日發生的事，是最大的關鍵。對他的一生來說，是
　　　　決定命運的日子。……于思屏就是這樣做了最後一班火車的最後一個人。三
　　　　十多年以來，于思屏時常在想，如果十一月七號，那班火車開走了，……如
　　　　果十一月八號的凌晨，駱運的肚子沒有餓，……他于思屏這三十多年，也就
　　　　留在大陸，過著不知怎樣的活。」段彩華：《北歸南回》，頁 199～202。
〔註31〕約瑟夫・弗蘭克（Joseph Frank）等著，秦林芳編譯：《現代小說中的空間形
　　　　式》（北京：北京大學出版社，1991 年 1 月），頁 3。

異質環境時，性格就朝著負方向運動，此時人物就背離了自己；當
人物處於同質環境時，性格就朝正方向運動，這時人物又回歸到自
己。這就是典型人物的性格是藉偶然性的生動形態。〔註32〕

《北歸南回》中，季里秋被塑造成敦厚、穩重守分的臺灣老兵，也就是臺灣
被視為同質環境，在沒有任何外力的刺激下，四十多年的安居生活讓他有正
向性格的表現。但在返鄉時知道前妻拐走家裡的金飾，不顧公婆，拋棄女兒，
又另結新歡，讓他在幾分醉意之下毆打前妻的外孫女。雖然季里秋在微醺的
狀況下失態，但對其性格變化是因為回到了家鄉而觸景傷情，在環境改變下
季里秋以為穿越時空見到了前妻，沉積已久的憤怒自然傾巢而出，性格瞬間
改變，為情節帶來高潮。在〈陌生女兒的照片和回信〉中陳述季里秋年少娶
妻的回憶，又在〈石壩見證三代長峽〉寫到季里秋的小姐姐談起前妻棄女離
家的過往，當他知道前妻捲走了家中所有的錢財，撇下雙親兩老並拋下三歲
不到的女兒，讓他們不能過活，一個身為兒子又為父親的他，心中的激憤與
怨恨在這樣的事實陳述下自然一發不可收拾。〔註33〕這也符合劉再復《性格
組合論》中所言：「當人物處於異質環境時，性格就朝著負方向運動，此時人
物就背離了自己。」的說法。由上可見，影響小說中人物性格的發展，不可忽
略時間、空間的敘事脈絡。故本節重點依序就「時間交錯」、「空間佈局」來探
究《北歸南回》的寫作特色。

一、時間交錯

　　《北歸南回》這部小說是段彩華最後一部也是最經典的長篇小說，他集
畢生所吸收的小說技巧，將老兵返鄉的故事完美的呈現出來，尤其是蒙太奇
處理電影的技巧，讓故事中的老兵隨著作者的安排穿越時空，場景變化更隨
著故事人物的處境快速轉換，穿梭自如。小說如何呈現時間軸序，胡亞敏在
《敘事學》中提出以下見解：

譬如，敘述文是怎樣重新排列故事順序的呢？如何處理敘述的長短
與故事發生的時間長度的關係？故事能否重複描述？等等。對這些
敘述時間問題的研究是敘事學的又一貢獻。……嚴格地講，一維的
敘述時間是不可能與多維的故事時間完全平行的，其中必然存在著

〔註32〕劉再復：《性格組合論》，頁257。
〔註33〕參見段彩華：《北歸南回》，頁54～57、頁109～110。

> 先孰後的問題，尤其當故事中有幾條線索時更是如此。……也就是
> 說，儘管故事線索錯綜複雜，時間順序前後顛倒，但仍然可能重建
> 一個完整的故事時間。〔註34〕

以上引文有兩個極重要的概念，它們在小說結構中左右情節發展的根源，那就是一維與多維時間的敘事。多維時間的敘事，有助於多重性故事的整合與空間的無限延伸。一維的敘述時間，是最通俗的寫法，它可以在一次元的時間裡，夾帶重疊的空間，連貫故事的開頭與結尾；但缺點在於無法激增讀者的想像力，也只能隨著在作者所設定的時間裡平淡的閱讀。段彩華善用多維時間的敘事，見證時代環境的變遷過程。

《北歸南回》中人物的介紹都是採時間倒敘法，透過回憶讓讀者了解其身世與從軍來臺的過往。每一個人物的遭遇在時間、地點的註記下，便開始一連串的回憶細節。如季里秋是段彩華筆下的三位靈魂人物之一，也是這部小說中最先返鄉探親的主角。小說以他收到素未謀面女兒的來信開始，將時間拉回到1948年（十五歲）的那年；為了交代事件的始末，又以1948年為基準，將時間前後顛倒，讓線索更加的複雜化。但在作者將原由與因果有條理地排序下，讓讀者認識了季里秋，也解釋了季里秋在後續的情節裡喜怒哀樂變化的理由。

《北歸南回》中的每一個章節，幾乎採用時間的倒述法則，也是故事延續的技巧。小說內容是以1987年大陸返鄉探親的熱潮為時間主軸，也就是以上引文所述的一維時間。段彩華利用雙重時間的同時存在的特性，讓故事中的人物往返於對日抗戰、國共內戰以及韓戰的歷史背景之中，讓故事能有所依循的延續下去。在現實的環境中時間是不可能倒流的，但作家可以用文字回到過去。段彩華以書寫來陳述老兵不堪回首的往事，讓文字來敘述時間是如何決定他們的一生。他以編年時間在敘述故事原始下，透露出他們並非真的想要離鄉背井遺棄家人，長達四十年。

段彩華也會隨著時間的交錯，來改變小說人物原有的性格，劉再復《性格組合論》中曾強調時間與性格關聯性：

> 時間的變異性，是指人物性格隨著時間向前推移而不斷的變更，這
> 主要是「舊我」與「新我」不斷地交織發展，「新我」不斷地揚棄「舊
> 我」、改變「舊我」，「我」不斷地經受自我克服、自我投降、自我勝

〔註34〕胡亞敏：《敘事學》，頁64。

利，也可以說是不斷地經受自我否定和自我的「否定之否定」的過
程。〔註35〕

時間，可改變一切也會沖淡一切，甚至會左右作夢的情境，小說人物性格的
改變有賴作者去創造時間的變異性，這種變化決定了小說故事中的情節發展，
正如劉再復所說的；隨著人物的「舊我」與「新我」不斷地交織發展而繼續擴
充小說範圍，並與情節環環相扣。就如《北歸南回》〈被改變的和被埋葬的〉
中，作者寫到于思屏與于思祥兩兄弟在于思泉的引領下，回到了數不清在夢
境中來過多少次新安鎮的于家巷，那是他們生長的巷子，在這樣的場景段彩
華設計了一段對話來透視小說人物「舊我」與「新我」相互糾結的心：

　　于思泉說：「一切事物都有新有舊。舊的去了，新的來了，反正記憶
　　中的一切的一切，都過去了，過去了。」

　　「本想觸景生情，回憶回憶童年的。」于思祥嘆息的說。

　　「我們的童年已隨地勢墊高，被泥土埋葬！」于思屏說：「怪不得里
　　秋舅回到臺灣後，我問他于家巷的景物怎樣，他只回答說看不出來，
　　看不出來。」〔註36〕

這段對話藉由事物表達新舊之分，然新舊之別的觸動在於記憶的連結。以記
憶的心理活動當作「新我」與「舊我」劃分，而記憶與現實的認知是隨著時間
而變化，進而左右「新我」與「舊我」在心理糾結上分出了勝負。「舊我」不
斷地被揚棄，也就是說「反正記憶中的一切的一切，都過去了，過去了。」人
物中「新我」的戰勝「舊我」的理由，也就如于思屏所說「我們的童年已隨地
勢墊高，被泥土埋葬！」記憶的認知與回溯，並非是恆定不變的，真正的主
導權除了人類的心理活動外，時間更是加速「新我」取代「舊我」的催化劑，
在轉換過程中自我就在改變的衝突下，發展出余里秋迴避的心態，也就是「新
我」主動讓他的回憶都過去了。由上可見，小說藉著時間敘事扣連人物性格
的改變。

　　段彩華運用時間交錯發展小說情節，其中意指人物性格的改變並非受限
於時間，而是在時間的往返下讓小說人物自己決定「新我」出現的時機。有
關時間交錯的手法，劉世劍在《小說概說》中即強調要保持時間線索的清晰
與明確：

〔註35〕劉再復：《性格組合論》，頁 64。
〔註36〕段彩華：《北歸南回》，頁 226、227。

> 時間在生活中是定向的、不可復返的，但在小說等敘事文學作品
> 中卻允許顛倒、交叉或往復，有如小說家故意把時間敲碎，追求
> 情節發展的非邏輯化等。儘管這樣，還是應該保持時間線索的清
> 晰與明確，要細心籌劃，合理設置小說的時間背景。小說中的時
> 間不僅流駛，而且存在著「暫停」的現象，這同生活中的情形也
> 不一樣。〔註37〕

《北歸南回》中老兵返鄉悲痛的情境，使得自我一直處於衝突與矛盾之中。
小說運用蒙太奇電影跳躍式的寫作技巧，記錄每位老兵的過往與現在，尤其
在夢境與回憶片段的處理，更是讓讀者有如坐雲霄飛車般來回穿越，每一段
情節的連接上無縫接軌，合理構思小說的時間背景，可見作者細心的籌劃。

　　小說的時間敘事手法，也可分為等述、概述「加速」、省略「加速」、擴述
「減速」、靜述「減速」。胡亞敏在《敘事學》中提到相關的見解：

> 我們將敘述時間與故事時間相等或基本相等的敘述稱為等述，以
> 此為基點，向兩端延伸。敘述時間短於故事時間為概述，敘事時
> 間長於故事時間為擴述，敘述時間為零，故事時間無窮大的是省
> 略，敘述時間無窮大故事時間則為零，則是靜述。概述、省略屬
> 加速一端，擴述、靜述屬減速一端。這五種敘述數度中，等述、
> 靜述、省略是較為確定敘述運動，而概述、擴述則有較大的活動
> 範圍。如圖所示：〔註38〕

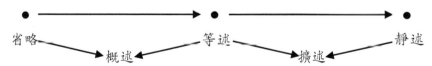

從以上引文可知，小說家必須設計敘述時間與故事時間如何律動，以利有條
不紊地推展情節。段彩華意識到這些經歷國共內戰的老兵，他們的生命即將
落幕，如何將四十年前離鄉的往事以及離鄉後內心的煎熬，隨著小說情節的
發展清楚地呈現，這個關鍵點就是在時間上的取捨，必須兼顧「加速」與「減
速」的概念。如圖，老兵對家鄉的人事時地物始終烙印於腦海不曾忘卻，這
些會不斷地重複出現在夢境與回憶時，在文本小說如果詳實記錄老兵的歷史，
那麼將會造成故事整體的負擔，故在有限的章節作者必須以「加速」的方式

〔註37〕劉世劍：《小說概說》，頁137。
〔註38〕胡亞敏：《敘事學》，頁76。

概述或省略過往。

在《北歸南回》中段彩華創建回憶紀實來交代事件的原委，如在〈回到故鄉〉中，用時間的倒敘讓季里秋回到在徐州剛滿十八歲的他，也正是戰事吃緊之時，小說以三頁的篇幅交代隨國民黨軍轉進來臺的經過，如果不是省略這段往事細瑣，將會長篇大論而跳脫出小說原本的主題，這裡所用的就是「加速」技巧。在短暫的生命歷程，返鄉對這些老兵而言是遙遠的目標；漫長時間的等待，雖然老邁也不顧一切奮力達成。在時間的霎那間返鄉的經過正代表時間的「減速」，也是老兵們唯一對家鄉的印記，故敘事的寫法必須把時間拉長來連貫事件的原由，也算是對讀者有個清楚的交代。如〈袋袋留種代代傳〉與〈種弟弟孝母親〉二節並非是連續性的敘事，作者以跳躍式的銜接手法，主要是為了將于思屏母親的慈愛昇華至人間大愛，也強調困居在臺的老兵對母親的追思與無法送終的遺憾，小說在此運用「減速」方式來處理，以強調母慈子孝的中國傳統文化。

二、空間佈局

就小說創作而言，無論人、事、物、景的描繪都會牽動小說情節的發展，其中的「景」，即人物的活動場景、外在環境，胡亞敏在《敘事學》中提到環境在小說中的重要性：

> 清晰的環境最明顯的表現是對人物活動場所的具體描繪，包括對場景的細節，乃至一些被人忽視的物件或位置的細緻入微的刻畫，從而使人們在想像中確立準確而穩定的空間位置。十九世紀……巴爾札克是其中的高手，他總是不厭其煩的描寫他的人物所生活的住宅和房間……這種準確清楚的描繪使讀者如臨其境，小說的空間因此也變得具有某種可觸性。……模糊的環境首先表現在社會背景的含糊上，年代不清、地域不明，讀者無法了解故事發生在何年何地。〔註39〕

環境是空間的概念，也是依據小說情節而設定，但反之卻容易影響故事人物的行為與情節的發展。作家在書寫小說中的環境時，就像一位導覽員向讀者介紹空間設計的特色，也帶領讀者神遊他所塑造的想像空間，對故事發生的

〔註39〕胡亞敏：《敘事學》，頁162。

時代背景做明確的交代。〔註40〕以這樣敘事方式將無形的空間清楚地呈現在讀者的眼簾，將有助於小說的臨場感，讓讀者能深入其境而周遊在小說世界中。《北歸南回》描述前兩批老兵返鄉探親時，在「香港啟德機場」，季里秋與于思屏遇見了楊時運，當時的香港仍為英殖民地，屬英國管轄；由於探親返鄉的路徑在國、共雙方政府的默契認知下，進入大陸一定得從香港轉機。當時的香港充滿自由與民主的氛圍，故段彩華特別安排在這個環境空間，藉楊時運道出個人對「文化大革命」、「天安門事件」的觀點。除此之外，在這部小說裡，特別以熟悉地場景來強調老兵對政府開放探親時的熱絡，如以代表無依老兵的歸宿榮民之家為起點，寫出老兵在孤零一人的生活下，突然接收到訊息的喜悅。另一方面，也露出如何再度面對家鄉與親人的不安。又以忙碌的香港機場，來形容當時老兵返鄉的風潮與迫不及待的心境。

事實上，小說中的時間敘事和空間敘事，構成了人物進行社會實踐的發展形式，作者針對人物及其與時空背景的相互關係，鋪展生動的文學想像，寄託豐富的思想底蘊。劉世劍在《小說概說》中即言：

> 人與環境的關係是辯證的，人創造了環境，反過來環境也創造了人。講社會環境就離不開作為社會生活主體的人，……時間和空間只不過是人們的社會實踐存在合發展形式罷了。——這才是環境的實質。小說中的人物在一定條件下發生各種聯繫，從而為他們自身創造了存在的具體環境。……它是由人物及其相互關係構成的生動藝術畫面，含著非常豐富的內容。〔註41〕

以《北歸南回》〈被改變的和被埋葬的〉為例，于思屏與于思祥兩兄弟回到了生長的家鄉新安鎮，當他們走進家巷時，發現眼前的景物已不認識。兩兄弟一路看著，忍不住苦笑，于思祥更不解的搖頭說：「這那裡是回家鄉？簡直是到了國外，簡直是到了國外。」〔註42〕道盡四十年後返鄉的老兵心境，融合環境因素與內心失落，詮釋出家鄉不在的感慨。由上可知，《北歸南回》中的時空敘事，對於延伸情節發展，以及人物與環境的辯證關係，深有助益。

〔註40〕胡亞敏：《敘事學》，頁162。
〔註41〕劉世劍：《小說概說》，頁117。
〔註42〕段彩華：《北歸南回》，頁225。

第三節　敘事符碼的構思

　　文字書寫不盡然能將作者所要表達的全盤托出，故在敘事學中為了補強其不足，就以符碼的概念作為隱喻的橋樑，用以連接在敘事過程的連貫性與趣味性，故符碼的功能在於「它賦予讀者對文本語言做充分地闡釋的權利，要求讀者努力挖掘文本中語言的內涵，尤其是語意的歧異性。」〔註43〕換言之，符碼能讓讀者的思緒隨著作家的筆桿而舞動，把已沉睡深層的內心世界再度喚醒，觸發其墜入小說世界中。在杰拉德・普林斯（Gerald Prince）《敘事學》中，曾對敘事符碼的作用提出如下說法：

> 敘事符碼的高度複雜性部分地解釋了對於特定文本的反應與解釋的多樣性。在任何敘事交流中，居於中間的不是作為整體的敘事符碼——不管它如何，而是發送者與接受者，從符碼中吸取了什麼以及（特別是）他們雙方各自從自己存儲中選擇出什麼來為信息編碼與解碼。這些符碼子集有或多或少的共性，但也未必是相同。因此兩個人——或同一個人在不同兩種的情況下——可迥異地解釋那個信息。〔註44〕

符碼著重於訊息的傳遞，單純的事件與物件，對創作者而言是有極度的想像空間，意有所指值得深探。就如通信密碼的編訂，編碼的符號必須要有代表性，才能合理的解釋其所傳達出來的真正目的。再觀胡亞敏在《敘事學》中也提到「象徵代碼」的作用：

> 指從文中引出象徵讀義和主題推論的代碼。這種代碼往往引尋人們從文本細節推測出象徵性的解釋，並由此進入深層的對立結構。這種代碼擁有許多替代物，可以在文本中用不同方式或手段有規律的重複。〔註45〕

文字的呈現只能單刀直入式地進行正面的表達，然符碼卻能為所欲為地以多角度的面向呈現，因而引發讀者多重的想像空間與認定，故為了對敘事產生共鳴，作家會構思符碼的運用。〔註46〕段彩華在《北歸南回》中，充分運用

〔註43〕胡亞敏：《敘事學》，頁 221。
〔註44〕杰拉德・普林斯（Gerald Prince），徐強譯：《敘事學》（北京：中國人民大學出版社，2013 年 6 月），頁 107。
〔註45〕胡亞敏：《敘事學》，頁 227。
〔註46〕杰拉德・普林斯（Gerald Prince），徐強譯：《敘事學》，頁 105。

符碼傳達的手法，以下就針對夢、證件、飲食及種子這四項符碼，來探討作者敘事符碼的巧思。

一、夢

夢的符碼，對人類而言，指涉精神與心理語言。夢，主要是以感官意象進行思維，如視覺或聽覺等印象，其真正特徵在於夢境所出現的意象元素。西格蒙德·佛洛伊德（Sigmund Freud）在《夢的解析》提到：

> 夢主要是以視覺意象進行思維——但也有例外的情形，夢境也利用聽覺意象，在更小的程度上還利用其他感覺的印象。許多事物（如在正常清醒生活中那樣）也以簡單的思想或意念在夢中出現——也就是說，可能以言語的殘餘形式表現出來。然而，夢的真正特徵乃是夢內容中那以意象方式活動著的元素，也就是說，它們的活動並不像記憶的呈現，而更類似於知覺。……由意念到幻覺的轉變，並不是夢與清醒生活相應思想間唯一的不同。夢用這些意象構成一個情境，它表現一件實際上正在發生的事件。〔註47〕

虛幻的情境是夢中主要的場景，而在不真實的夢境中所出現的人物與事件，照理說是不具代表意義的，但在《北歸南回》中卻有許多夢境的描寫，也因夢而構結出如蠶蛹絲般綿密的鄉愁。正如佛洛伊德所言：「夢用這些意象構成一個情境，它表現一件實際上正在發生的事件。」以返鄉探親為例，《北歸南回》透過老兵們一再出現的返鄉夢境，訴說四十年的離散鄉愁。

段彩華利用夢境轉換時空，也以夢境呈現來提醒讀者情節發展的去向，這就是小說中線索鋪設的概念。劉世劍在《小說概說》中指出：「線索，這是個比喻的說法，情節的發展就像一條線似地延伸。小說情節線索是人物關係的發展脈絡和由此事件的發展脈絡的統一。」〔註48〕《北歸南回》中作者安排季里秋以夢境開始了他返鄉探親的線索脈絡：

> 夜裡做了一個夢，很奇怪的夢。那座古老的城門，築在河堤上的城門不見了，河堤比平常高出兩三丈，想爬上去卻無處可以攀登，黑黑的，擋住了那一條河——幼年時常在裡面游泳、捉魚的那條河。

〔註47〕西格蒙德·佛洛伊德（Sigmund Freud）著，孫名之翻譯：《夢的解析》（臺北：貓頭鷹出版社，2000年9月），頁33。

〔註48〕劉世劍：《小說概說》，頁148。

> 南池塘河北池塘也不見了，變成兩片黑黑的空地。穿著鞋子走上去，
>
> 隔開鞋底，仍能感到地面冰冷。〔註49〕

在這夢境中所出現的意象有兩處，一是河堤變高，讓他無法越過，再見幼時的玩樂；另一是穿著鞋子卻依然感到地面冰冷。兩處意象符碼意味著家鄉的樣貌在四十年後已有所變化，家鄉的親人在時間的沖淡下已逐漸陌生，隱喻著兩岸在分治多年後，親情已被臺灣海峽阻絕，再也找不回血濃於水的情感。

小說在後續情節的發展中，也逐一應驗夢境的符號意涵。除了季里秋外，也以于思屏的夢境呈現出與家鄉有割不斷的情分，更以三個孩子的呼喚來說明老兵們雖然心繫大陸家鄉，然真正歸處仍在臺灣，意謂外省老兵對「家臺灣」的歸屬。佛洛伊德（Sigmund Freud）《夢的解析》中有如下敘述，印證老兵的夢境正是代表著他們的內心世界：

> 在形成夢時，我們可以分辨出兩種不同功能的精神活動，即夢念的
>
> 產生與夢念向夢內容的轉變。夢念是完成合理的，是我們竭盡全部
>
> 精神能量製造出來的，它隸屬於還沒有變成意識的思想領域——這
>
> 些思想領域經過某些變化，也成為我們意識思想的來源。〔註50〕

《北歸南回》中描述季里秋、于思屏與方信成的夢境畫面，也正是他們精神活動的展現。家鄉景物成為季里秋夢境的畫面，但卻沒有人物的穿梭，而記憶中的場景卻在夢境中變得扭曲且觸不可及。于思屏的夢境畫面是在飛行在空中返鄉的飛機上，因機腹破洞讓于思屏跌落在一口廢井之中，欲脫困之餘，他的孩子們出現在井口試圖救他。方信成的夢境是在等待與離散多年的未婚妻見面的前一晚，在與未婚妻通過電話後即入睡，做了一場雜亂的夢，但耐人尋味的是小說只淡淡的提點，並沒有寫出任何夢境。

以符碼的觀點來看，夢境正符合三位人物的遭遇與心境，就如季里秋的夢境，在未見人影與窒礙難行的家鄉舊景裡，說明返鄉之途的艱難與人事物的驟變。于思屏在潛意識中無法面對母親離世的事實，也說明沒有母親，返鄉對他而言已經沒有實質的意義，故以墜落及孩子們的管救象徵著臺灣才是真正的家鄉。至於方信成沒有夢境的交代，也正是小說伏筆所在，方信成在小說中出現的時機是有頭有尾，雖然中間情節未再出現，但是夢境畫

〔註49〕段彩華：《北歸南回》，頁22。

〔註50〕西格蒙德‧佛洛伊德（Sigmund Freud）著，孫名之翻譯：《夢的解析》，頁302。

面就是他曲折坎坷的寫照，只是被作者以「加速」的寫作技巧給省略了。上述所舉例的夢境，符合佛洛伊德所言夢境反映人物的精神活動，也是意識思想的表徵。

二、證件

　　證件，顧名思義就是驗明正身的文件。在 1949 年國共內戰就決定了海峽兩岸分治的事實，國名與國籍更是不容許被變更。至今在中華民國憲法的條文下，中華民國在臺灣是一個擁有主權的民主國家及政治實體，縱然如此，中共政權執意在全世界宣稱「臺灣是中國的一部分，各國均不得干預中國的內政。」以當前現實的政治環境，我們國家的外交在國際情勢的氛圍下，確實是舉步艱難。有關國家的認同，段彩華在小說中就以證件的符碼，來揭示外省老兵對中華民國的效忠的精神。

　　段彩華用臺胞證與國民身分證做為意象的表達〔註51〕，將老兵返鄉回到大陸後籍貫沒有了痛心的感慨，以季里秋與江昆、殷家勝不到一頁的對話書寫，來議論他們心中的疑惑，藉議論以比對臺胞證與身分證的手法，並表現出老兵們在議論時所凸顯性格的變化與內心的糾葛，再用移情與轉嫁的技巧進行總結：

> 　　「我們進大陸時，持用的是臺胞證。」季里秋說：「大陸上的人也把
> 我們看作『臺胞』。」……
> 　　「而臺灣這邊發給我們的國民身分證，寫的是原籍……」……
> 　　江昆說：「……我們是老榮民望大海，絕不是那個樣兒。」
> 　　「我還有一個認知是，那邊雖是我的故鄉、故土，卻不是我的國家
> 了。」殷家勝說：「我心目中的國家，絕不是那個樣兒。」
> 　　「對，對，」江昆也點點頭說：「我們心目中的中國，只剩下地理名
> 詞了。」〔註52〕

透過季里秋、江昆與殷家勝的對話，得知老兵們之前的思鄉情懷，在返鄉探親後有了心理上的劇變。因為臺胞證與國民身分證上的身分，讓老兵產生被認同與被接納的質疑；在兩岸人民的心目中，到底他們是誰竟然沒有正確答案。又他們親眼目睹共產黨下統治的中國已違背歷代相傳的道統，中華文化

〔註51〕段彩華：《北歸南回》，頁 141。
〔註52〕段彩華：《北歸南回》，頁 142。

在文革時期已破壞殆盡；江山雖然依舊但已蒙塵，人心則在鬥爭的影響下而有了污點。但這些也遠不如讓他們被親人們稱之為「臺胞」來的心痛，更雪上加霜的是這些老兵在臺灣的社會裡已殘忍的被孤立。段彩華藉著證件的實例，來反映臺灣仍存在著族群歧視與國族分裂的危險觀念。

三、飲食

　　所謂：「山珍海味遠比不上家鄉味，濃濃的鄉愁藏在心中也附在舌尖。」自古以來，身居異鄉的遊子為解鄉愁，其所寄望的就是品嚐朝思暮想的家鄉味道。這些遠從中國大陸各省隨部隊轉進來臺的老兵，安身立命最大的群聚部落就是眷村，在朱天心〈想我眷村的兄弟們〉即藉左右鄰舍小孩所散發出的食物味，將家鄉味道描述的淋漓盡致：

> 江西人的阿丁的嗝味其實要比四川人的培培要辛辣的多，浙江人的汪家小孩總是臭哄哄的糟白魚、蒸臭豆腐味，廣東人的雅雅和哥哥總是粥的酸酵味，很奇怪他們都絕口不說「稀飯」而說粥，愛吃的「廣柑」就是柳丁。更不要說張家莫家小孩山東人的臭蒜臭大蔥和各種臭醃醬的味道，孫家的北平媽媽會做各種麵食點心，他們家小孩在外遊蕩總人手一種吃食，那個麵香真引人發狂……。〔註53〕

家鄉飲食，對外省老兵而言也意謂著離散的惆悵。朱天心將食物氣味化為鄉愁的意象。在《北歸南回》中，我們也看到了段彩華利用食物來描寫老兵思鄉情切的心境：

> 空中小姐推著車子，從走道那邊過來，給他們遞上兩罐果汁。殷家勝打開一罐，喝了一口，大聲的說：「啊！家鄉味兒。」
> 「是什麼？」季里秋問。「你喝喝看。」
> 季里秋也打開罐子，喝了一口，笑著說：「酸渣汁嘛。」
> 「不錯，不錯，」殷家勝說：「罐子上也寫著，是山楂製成的。在臺灣吃冰糖球〔註54〕，只能吃到用小番茄做的，用小李子做的，卻找不到用酸渣做的。我想這種味道，想了幾十年。」

〔註53〕 朱天心：〈想我眷村的兄弟們〉，收錄於朱天心：《想我眷村的兄弟們》（臺北：印刻出版有限公司，2002 年 6 月），頁 63。

〔註54〕 發端於中國京津地區的一種傳統小吃，北京叫糖葫蘆或冰糖葫蘆，傳統的糖葫蘆用山楂（又稱山里紅）穿成。參見郭軍寧：〈老北京的冰糖葫蘆〉，《中華飲食文化基金會會訊》第 12 卷 4 期，2006 年 11 月，頁 17～20。

「這一次回家鄉，多買酸渣做的冰糖球，要吃個痛快！」

「對，這正是酸渣上市的季節。」〔註55〕

飛機上「酸渣汁」的味道振奮老兵思鄉鬱悶的心，更藉酸渣、小番茄、小李子等口感的不同，來區別家鄉與異鄉的冰糖球。作者藉由這些食物的意象，來凸顯老兵對家鄉味的思念與期盼。小小的酸渣竟能勾勒出對家鄉的記憶，就連其上市的時間點都能很清楚地指出，正代表老兵們人雖然在臺灣，但對其生長的家鄉還是無限眷戀。透過這兩種食物的作法，刻意勾起幼時的回憶，再將酸渣盛產的季節來表達對家鄉一景一物的緬懷。至於作者刻意提到臺灣的水果小蕃茄與小李子，就要讀者知道這些老兵現在的家就在臺灣。

四、種子

種子，是新生命的初始也是傳承的象徵。種子的意象，對段彩華而言，是家鄉的延續，也是母親思念兒子的象徵。在《北歸南回》〈袋袋留種代代相傳〉中就有出現種子的符碼，其中提及于思屏的母親，是一個傳統且固執的女性，在文化大革命時期她苦心收集的瓜果種子，全被紅衛兵給糟蹋了。有關于母對種子的情懷，是于思屏從他的四嬸母口述中得知，四嬸母說：

> 「三嫂子說：『是莊稼的種子。有些是蕎麥的種子，有些是三白西瓜的種子，有些是二白西瓜的種子。還有一些，是賴子……、攪瓜……、賴葡萄……，越是種得少的，品種稀的，我越要想法子留下來』……。」……她又說：哦，差點一忘記了。就是那一回，她指給我看那些種子時，親切的對我說：『弟妹呀，妳是知道的，我的兒子出遠門在外，什麼時候回來，還不曉得。我太孤獨了這些莊稼的種子，要細心照料，就權當是我的兒子女兒了。』……」〔註56〕

母親對于思屏的想念全部寄託在種子上，種子意謂生命的傳承，表達出在大陸的母親也迫切與兒子團圓。母親細心照顧種子，也隱喻著母親對兒子的摯愛。母愛的轉移是迫不得已的，藉細心照料莊稼種子道出母親對兒子恆久不變的愛。脆弱的種子就如母親身邊的孩子，雖然于思屏已離鄉多年，且死生未卜；但于母仍堅持透過對種子的護愛，持續散發母愛的光輝。

在《北歸南回》〈種弟弟孝母親〉中也出現種子的意象，傳達兒子對家鄉

〔註55〕段彩華：《北歸南回》，頁84。

〔註56〕段彩華：《北歸南回》，頁242、243。

母親的思念，以及報答親恩的期待：

> 「就是尋找三白西瓜的種子，種到故鄉的土地，讓那邊重新見到白
> 瓤的西瓜。」于思屏說：「我記得古書上說，我的家鄉──中原的地
> 帶，本來沒有西瓜。西瓜是從新疆或者西夏，那些西域地區傳到東
> 土來的。我把白瓤西瓜看成自己的弟弟，再回大陸時，就到西方去
> 尋找，只要找到白瓤西瓜的種子，便帶到家鄉去，種在土地上，使
> 故鄉又能見到白瓤的西瓜，完成母親愛護瓜種的心願。這就叫做『種
> 弟弟、孝母親。』也只有這樣，才能報答親恩了。」〔註57〕

上述引文表露兒子對家鄉母親的思念，以及報答親恩的期待。當于思屏得知
堅持照料種子的心志後，頓然悲感交集，「子欲養而親不待」的自責油然而生。
于思屏在十五歲的青少年時期，仍需要母親關懷的時刻，卻被一場內戰阻礙
應該享有的天倫之樂。于思屏體會母親的心意，故決定要找到白瓤西瓜的種
子帶回家鄉，讓白瓤西瓜在家鄉的土地上重生、綿延，以慰母親在天之靈並
報答養育之恩。

小結

　　本章重點在於分析《北歸南回》的寫作特色，段彩華走過歷史的河殤，
透過人物心理的刻劃、時空交錯的描寫、敘事符碼的構思等三種寫作手法，
來演繹大時代的離散故事。

　　就人物的心理刻劃而言，段彩華取材於真實世界的老兵，與家人離散的
衝擊，再加上經歷戰爭的恐懼，日以繼夜的折磨，肉體的傷疤與代表戰爭印
記的刺青，也間接地影響日後心理的發展。段彩華透過小說人物性格的改變
與衝突，深入剖析小說中人物的內心轉折。小說細膩剖析老兵內心思維，頗
能照應佛洛伊德「三我」層次，從中詮釋老兵們為何寡歡度日、一生憂鬱的
肇因，以及內心身分認同的歷程。

　　就時空交錯的描寫而言，段彩華把時間軸放在季里秋與于思屏舅甥倆，
藉由夢境與回憶，重現過去苦難的年代，扣連了老兵返鄉時被勾起埋藏在心
中的情懷，也交代了事件的原委。段彩華善於將時間做巧妙且靈活地安排運
用，並成為在架構小說中的重要元素。在段彩華的銳筆下，其運用的邏輯就

〔註57〕段彩華：《北歸南回》，頁304。

是把兩個不同的時間互換或堆疊在一起，在敘事者的思維下總有辦法將時間逆行，或者將多點時間做有次序的排列組合，這對小說故事的想像是具有無限發揮性，故在多維的故事時間裡可以找到事件的連貫性，對讀者而言就如線索之間的關聯，讓讀者目不暇及並沉寂在作者所設置交錯與不同的時間裡。

　　就敘事符碼的構思而言，段彩華很有技巧性地藉助事、物的暗示，顯示出老兵們埋藏多年的痛苦及思念，尋求抒發的管道。在《北歸南回》裡除了陳述老兵們不被鄉親認同的心結，段彩華極力呼籲的重點，在於對中華民族道統的繼承與發揚。中國大陸經歷共產黨的土地改革與文化大革命後，摧毀五千年來悠久的歷史，段彩華在急欲恢復的期盼下，以種子代表文化道統復甦的曙光與希望。小說善用符碼的手法，使小說更具藝術性。

第六章 結 論

　　綜觀以上各章論述，就段彩華的生平與創作而言，他經歷過民族存亡關鍵的對日抗戰，以及 1946 年的國共內戰，這些戰爭經驗對他而言，可說是一生中最顛沛流離的階段。可貴的是段彩華對生活有著獨特的感受和領悟，並將之融入於作品中思想感情的表現，故其生活經驗和文學創作有密切的關聯，如《北歸南回》即是有賴段彩華的親身體驗才能靈動成篇。他以自我經驗為中心點，擴散方式寫出國共內戰至開放探親的歷史背景，以及所有老兵的遺恨與失落，可將之定位為結合中國近代史的老兵小說。段彩華對小說的堅持與使命，正如羅盤《小說創作論》所言：「作家原是人類心靈的醫生，人生航程的舵手，富有指導人生之責。」〔註1〕因此，他在這部小說的序與結局皆強烈表露出對和平的渴望，期待華夏民族再創建一個閃耀輝煌的時代。

　　以下針對《北歸南回》的主題意涵、寫作特色，以及時代意義進行總結，並評價這部小說在臺灣小說老兵書寫上的獨特性。

一、《北歸南回》的主題意涵

　　《北歸南回》寫出臺灣老兵的遺恨與失落，這部小說與其他返鄉探親小說相較，除了敘事手法的用心，在視野內涵上也超越段彩華以往的格局。〔註2〕小說中每一個老兵形象的塑造，正映照出臺灣數以萬計且已逐漸凋零的老兵們，尤其就探親題材而言，相較於朱天心、蘇偉貞等出身於眷村第二

〔註1〕羅盤：《小說創作論》（臺北：東大圖書股份有限公司，1980 年 2 月），頁 60。
〔註2〕參見范銘如：〈繞樹三匝，何枝可棲？〉，張恆豪：《臺灣當代作家研究資料彙編・86・段彩華》（臺北：國立臺灣文學館，2016 年 12 月），頁 323。

代的作家，其書寫內容大多出於隨父母返鄉探親的經驗，或耳聞眷村左鄰右舍父執輩所言，其切身之感顯然沒有段彩華來得深入，段彩華完整經歷過這段動盪不安的時代，故《北歸南回》更讓人有身入其境的真實感。

　　段彩華的人生經歷，曾為了躲避日本人的欺凌，隨家人逃難；國共內戰時原是以流亡學生身分，搭上離開徐州的最後一班火車，卻因戰事吃緊在長沙隨著表兄從軍，而來到臺灣。〔註3〕在段彩華從軍生涯（1949～1962）中，他的同袍幾乎跟他一樣，與家隔絕四十年，被迫在臺灣落地生根，一起共同經歷這無法自我原諒與釋懷的年代。糾結的心長駐在老兵的身上，更因社會所衍生的意識形態下，被定位成外省族群的這些老兵，一直被歧視與排斥；日夜掙扎且哭泣的心靈，在內外交織的挫折下，少部分成為了社會的邊緣人，甚至寄身於榮民之家成為被冷落孤零的老兵。

　　《北歸南回》的出版，起了為老兵發聲的作用，段彩華用自己的故事來重現讓中國人心碎的歷史，以及老兵在返鄉探親後的心理衝擊，特別在身分認同上的辯證，為小說開展深刻的思想內涵。段彩華希望能讓世人再度省思社會正義的導向，以及兩岸人民未來共同道路的選擇，將悲情化作力量，將教訓變成契機，讓兩岸人民連心攜手，讓大中華的榮景千秋萬世，也讓千千萬萬的炎黃子孫再造華夏光輝。

二、《北歸南回》的藝術表現

　　兩岸關係一直影響著臺灣小說中老兵書寫的思想導向，小說中的人物性格會受到當時環境的影響與政治的牽制，而產生不同的描繪。老兵的內在心理在小說家設定也因探親開放的前後而有所差異，九〇年代後小說裡的老兵，會因家鄉景物的改變與鄉親的重逢，在心理上發生糾結與衝突。如小說以于家祖林與父親墳坵的消失，描繪出個人的心理的困惑與質疑，藉于思屏見到如此陌生環境的反應，呈現老兵們再次見到家鄉時的錯愕及矛盾，這種矛盾心理也成為情節發展的張力。又小說述及參加韓戰一萬四千名的反共義士在戰後所產生的精神壓抑，以趙立和異常的行為與暴衝的動作，讓讀者明白老兵們的心理創傷，一直存在著炮火四射的恐懼與手刃敵人的陰影。段彩華以心理層面來凸顯老兵多年的隱忍，希望替老兵傾吐他們沉重且傷痛的心聲。

〔註3〕參見段彩華：〈筆墨風霜三十年〉，張恆豪：《臺灣當代作家研究資料彙編·86·段彩華》，頁122。

　　老兵們在臺灣只能以無限的想像以彌補內心的空缺，段彩華讓小說人物回到過去，也就是 1949 年前後，而夢境是穿梭時空的橋樑。夢境在佛洛伊德《夢的解析》中認為：「夢可以代表欲求的滿足」〔註4〕，這也正好解釋了小說人物中的季里秋與于思屏的思鄉之苦與返鄉心切。藉著夢境跳躍式的移動，讓他們無法如願以償，顯露出老兵有家歸不得的哀思與無奈。段彩華也融入蒙太奇電影拍攝手法，讓在故事中的時間軸任意穿梭，藉助時間的設定讓環境交替變換，以見證時代環境的變遷過程。

　　段彩華《北歸南回》中善用符碼暗示深刻意涵，以身分證象徵離散，也瓦解了大中國的想像。老兵們抱著興奮的心情踏上探親之途，但須以臺胞證才得如願的矛盾衝突下，不禁對自己的歸屬產生了模糊感。四十年前的來處在一場內戰下變成了異域，骨肉至親與兒時玩伴因面小輕薄的證件，徹底打破了原本的認同。用護照進入家鄉的土地，用臺胞證來區別與家人之間的不同，道盡歷史的荒謬。

　　段彩華以精湛筆法寫出大時代的故事，然在書寫過程中要如何呈現小說精彩所在，他則有自己的定見：「任何一部作品在構思時，應該以主題是否切合為標準，才是顛撲不破的真理。我喜歡現代感，並不反對傳統的表現。讀者又有讀者的喜愛，畢竟小說在發行以後，是屬於大家的。」〔註5〕由此可知，段彩華的創作理念是隨著時代的潮流寫出富有現代感的小說，現代感的呈現是可以完全抓得住讀者閱讀的心。

三、《北歸南回》的時代意義

　　戰爭雖然是達成政治目的的一種工具〔註6〕，但所付出的代價卻是慘絕人寰。《北歸南回》除了描述老兵離散的心痛，也藉由中華民國國民身分證與

〔註4〕西格蒙德・佛洛伊德（Sigmund Freud）著，孫名之翻譯：《夢的解析》（臺北：貓頭鷹出版社，2000 年 9 月），頁 86。

〔註5〕段彩華：〈長篇小說的新境界〉，張恆豪《臺灣當代作家研究資料彙編・86・段彩華》（臺北：國立臺灣文學館，2016 年 12 月），頁 133。

〔註6〕克勞塞維茲認為：「戰爭是發源於某種政治目的，則此種目的的存在的主要理由自然是戰爭指導中的最高考慮。不過那又並非暗示政治目的是一位暴君，它必須使其本身適應其所選擇的工具，而此種程序又可能使其發生激底的改變，但政治目的仍然還是第一考慮。」參見克勞塞維茲（Karl von Clausewitz）著，鈕先鍾譯：《戰爭論全集（上）》（臺北：三軍大學戰爭學院，1984 年 3 月），頁 136。

臺胞證，將家鄉的意涵與選擇再作認定。雖然小說已很明確的公諸世人，臺灣就是老兵們的家鄉，就算是返鄉探親後所衍生的血肉相連的親情問題，終究他們還是選擇回到臺灣的家。

中華民國在 2000 年的總統大選，改變一黨專政的常態，而走入政黨政治的民主時代。雖然在臺灣的中華民國已經是一個主權獨立的國家，但因為政治版圖的重新變更，臺灣獨立建國的聲音由暗漸明，更藉二二八事件與白色恐怖過去的政治事件，再度撕裂族群的和諧，更加深了彼此的仇恨。老兵從大陸來臺時就被定位為外省族群，直到現今仍被貼上標籤；段彩華以榮民之家的趙立和、袁火以及美國人楊時運的穿插，為老兵們伸冤，也明示他們在地化、家臺灣之心。段彩華希望如他及老兵們在臺灣的初心不要再被政治因素所曲解，在國家至上的態度下期盼被認同。

老兵們縱然有思鄉之苦與返鄉後的遺憾，但是他們仍秉持著忠貞愛國之心在臺灣守護家園。尤其在國軍退除役官兵輔導委員會的內部檔案裡，更記載老兵們的貢獻，積極參與國家重大工程，如中部東西橫貫公路的開闢與提升臺灣經濟的十大建設。回顧臺灣小說老兵書寫的脈絡，如白先勇〈歲除〉、履彊〈蠱〉以及張曉風〈一千兩百三十點〉等作品，先以緬懷老兵過去的豐功偉業作為故事開端，再續描繪他們軍中退伍後，融入臺灣現實社會生活際遇的反差，因而導致心理產生失落感，這些作品也赤裸裸地揭露老兵在後半段人生的挫折與無奈；至於《北歸南回》的獨特之處，不僅描寫老兵脫下軍服後的遭遇，以及久居臺灣的內心轉折、身分定位，更彰顯老兵樂觀的生活態度。

任何歷史事件的發生是可控制的，惟賴於當代主導者的胸懷，改朝換代才會產生歷史的進程，但代價的付出與理由的正當，如果操縱歷史的主導者為天下蒼生著想，那麼一定有辦法阻止悲劇的發生，也不會有遺憾的殘留。事件，總會隨著時間而淡化，1987 年掀起了返鄉探親的熱潮，搭上突然開動的列車而臺灣文學由懷鄉轉為探親的書寫，心情的轉折更由失落變成感傷，讓靈魂漂泊已久的老兵們目睹事與願違的景象，似乎家鄉已是絕境，有再也回不去的感覺。或許是太過傷痛讓老兵們意識到唯有心態與認知的改變，才能讓他們以平常心再度面對已經扭曲的故鄉，也不再以家鄉來定義自己出生的所在。段彩華以個人經歷現身說法，藉小說來扭轉老兵不再堅持過往的形象，強調他們的忠誠與不落於人後的愛國心，也說明了要縫合內心的傷口，

只有前瞻未來。探察林秀玲〈鄉歸何處？〉與范銘如〈繞樹三匝，何枝可棲？〉評論段彩華這部小說，仍然以悲情的角度去解讀老兵的命運，然透過本論文的研究，要強調的是，老兵在臺四十年來勤勉奮力的存在價值，以及身分認同的議題，皆值得深入關注。歸結言之，從《北歸南回》可見段彩華豐富的閱歷與純熟的創作手法，完整呈現老兵一生的縮影，可說是一部止傷療痛心理重建老兵書寫的傑作。

徵引及參考文獻

一、文學作品

（一）主要研究文本

1. 段彩華：《北歸南回》，臺北：聯合文學出版社有限公司，2002 年 6 月。

（二）段彩華其他小說（依出版時間排序）

1. 《幕後》，臺北：文藝創作出版社，1951 年 10 月。
2. 《神井》，臺北：大業書店，1964 年 5 月。
3. 《山林的子孫》，臺北：幼獅文化事業公司，1969 年 6 月。
4. 《雪地獵熊》，臺北：三民書局，1969 年 9 月。
5. 《五個少年犯》，臺北：白馬出版社，1969 年 12 月。
6. 《鷺鷥之鄉》，臺北：陸軍出版社，1971 年 5 月。
7. 《三家和》，臺北：華欣文化事業中心，1974 年 6 月。
8. 《花彫宴》，臺北：華欣文化事業中心，1974 年 7 月。
9. 《段彩華自選集》，臺北：黎明文化事業股份有限公司，1975 年 1 月。
10. 《段彩華幽默短篇小說選》，臺北：華欣文化事業中心、臺北：中華文藝月刊，1976 年 1 月。（中華文藝版內容與華欣版相同、同時間出版）
11. 《龍袍劫》，臺北：名人出版社，1977 年 10 月。
12. 《流浪拳王》，臺北：天華事業出版有限公司，1978 年 8 月。
13. 《賊網》，高雄：臺灣新聞報社，1980 年 6 月。

14. 《流浪的小丑》，臺北：駿馬出版社，1986 年 7 月。

15. 《野棉花》，臺北：爾雅出版社有限公司，1986 年 12 月。

16. 《一千個跳蚤》，臺北：世茂出版社，1986 年 12 月。

17. 《百花王國》，臺北：世茂出版社，1988 年 1 月。

18. 《上將的女兒》，臺北：九歌出版社有限公司，1988 年 9 月。

19. 《奇石緣》，臺北：華欣文化事業中心，1991 年 3 月。

20. 《花燭散》，臺北：九歌出版社，1991 年 5 月。

21. 《國劇故事第三集》，臺北：行政院文化建設委員會，1992 年 7 月。

22. 《清明上河圖》，臺北：九歌出版社，1996 年 6 月。

23. 《我當幼年兵》，臺北：彩虹出版社，2003 年 3 月。

24. 《段彩華小說選集》，臺北：臺灣商務印書館股份有限公司，2006 年 11 月。

25. 《放鳥的日子》，新北市：新北市文化局，2013 年 11 月。

（三）其他作家之作品（依姓氏筆劃排序）

1. 王幼華：《慾與罪‧菩提樹》，臺中：晨星出版社，1986 年 10 月。

2. 巴代：《走過》新北市：INK 印刻文學生活雜誌出版有限公司，2010 年 6 月。

3. 冰心，謝婉瑩：《往事》，武漢：長江文藝出版社，2018 年 10 月。

4. 朱天心：《古都‧古都》，臺北：印刻出版有限公司，2002 年 6 月。

5. 朱天心：《想我眷村的兄弟們》，臺北；印刻出版有限公司，2002 年 6 月。

6. 束忱、張宏生注譯：《新譯唐傳奇選》，臺北：三民書局，2008 年 02 月。

7. 苦苓：《外省故鄉》，臺北：希代書版有限公司，1988 年 7 月。

8. 張愛玲：〈金鎖記〉，參見張愛玲：《傾城之戀》，臺北：皇冠出版社，1991 年 08 月。

9. 齊邦媛、王德威合編：《最後的黃埔》，臺北：麥田出版社，2004 年 3 月。

10. 齊邦媛：《千年之淚‧時代的聲音》，臺北：爾雅出版社，1980 年 7 月。

11. 齊邦媛：《巨流河》，臺北：遠見天下文化出版股份有限公司，2009 年 7 月。

12. 趙世男、洪明燦合著：《臺灣老兵三國誌》，臺北：前衛出版社，2000 年 11 月。

13. 魯迅：〈孔乙己〉，參見魯迅：《吶喊》，天津：百花文藝出版社，2004 年 7 月。

二、專書

（一）中文著作（依姓氏筆劃排序）

1. 王德威：《如何現代，怎樣文學？》，臺北：麥田出版社，1998 年 10 月。

2. 王德威：《跨世紀風華：當代小說 20 家》，臺北：麥田出版社，2002 年 8 月。

3. 王溢嘉：《精神分析與文學》，新北市：野鵝出版社，1989 年 9 月。

4. 李守孔：《中國現代史》，臺北：三民書局股份有限公司，1983 年 9 月。

5. 李有成：《離散》，臺北：允晨文化實業股份有限公司，2013 年 8 月。

6. 何金鑄：《人文地理學》，臺北：自印，1987 年 10 月。

7. 林佩蓉編：《2015 臺灣文學年鑑》，臺北：國立臺灣文學館，2016 年 12 月。

8. 林鎮山：《離散、加國、敘述——當代臺灣小說論述》，臺北：前衛出版社，2006 年 7 月。

9. 姚一葦：《藝術的奧秘·論批評》，臺北：臺灣開明書店，1968 年 2 月。

10. 封德屏主編：《四十年來家國》，臺北：文訊雜誌社，1989 年 4 月。

11. 施正鋒主編：《臺灣國家認同》，臺北：財團法人國家展望文教基金會，2005 年 3 月。

12. 胡亞敏：《敘事學》，武漢：華中師範大學出版社，2004 年 12 月。

13. 范銘如：《文學地理：臺灣小說的空間閱讀》，臺北：麥田出版社，2008 年 9 月。

14. 馬全忠：《中華民國百年紀事》，臺北：聯經出版公司，2011 年 6 月。

15. 張恆豪：《臺灣當代作家研究資料彙編·86·段彩華》，臺北：國立臺灣文學館，2016 年 12 月。

16. 張茂桂主編：《國家與認同》，臺北：群學出版有限公司，2010 年 2 月。

17. 梅家玲：《性別，還是家國？——五〇與八、九〇年代臺灣小說論》，臺北：麥田出版社，2004 年 9 月。

18. 郭明福：《琳瑯書滿目》，臺北：爾雅出版社，1985 年 7 月。

19. 陳芳明：《臺灣新文學史》，臺北：聯經出版事業股份有限公司，2012 年 10 月。

20. 陳鑑波：《中華民國春秋》，新北市：三民書局股份有限公司，1989 年 3 月。

21. 彭瑞金：《臺灣新文學運動 40 年》，高雄：春暉出版社，1997 年 8 月。

22. 楊曉娟、趙英麗合編：《中國近代史綱要》，北京：高等教育出版社，2018 年 4 月。

23. 劉世劍：《小說概論》，高雄：麗文文化事業股份有限公司，1994 年 11 月。

24. 劉再復：《性格組合論》，北京：中國人民大學出版社，2010 年 1 月。

25. 羅盤：《小說創作論》，臺北：東大圖書股份有限公司，1980 年 2 月。

26. 蘇啟明：《中國現代史》，臺北：五南圖書出版有限公司，1996 年 11 月。

（二）譯著（依作者姓氏字母排序、字母相同依出版年份排序）

1. 克勞塞維茲（Karl von Clausewitz）著，鈕先鍾譯：《戰爭論全集（上）》，臺北：三軍大學戰爭學院，1984 年 3 月。

2. 費正清(John King Fairbank)、羅德里克・麥克法夸爾(Roderick Mac Farquhar)主編，王建朗等譯：《劍橋中華人民共和國史》，上海：上海人民出版社，1990 年 6 月。

3. 西格蒙德・佛洛伊德(Sigmund Freud)著，孫名之翻譯：《夢的解析》，臺北：貓頭鷹出版社，2000 年 9 月。

4. 佛洛伊德（Sigmund Freud）著，楊韶剛譯：《佛洛伊德之精神分析論》，新北市：百善書房，2004 年 4 月。

5. 西格蒙德・佛洛伊德（Sigmund Freud）著，彭舜譯：《精神分析引論》，新北市：遠足文化事業股份有限公司，2018 年 11 月。

6. 約瑟夫・弗蘭克（Joseph Frank）等著，秦林芳編譯：《現代小說中的空間形式》，北京：北京大學出版社，1991 年 1 月。

7. Deleuze Gilles 著，黃建宏譯：《電影：運動——影像》，臺北：遠流出版社，2003 年。

8. 哈羅德・伊薩克(Harold R. Isaacs)著，鄧伯宸譯：《族群 Idols of the Tribe》，新北市：立緒文化事業有限公司，2004 年 11 月。

9. Jane Milton 等著，施琪嘉、曾奇峰譯：《精神分析導論》，臺北：五南圖書出版股份有限公司，2007 年 2 月。

三、期刊論文（依姓氏筆劃排序）

1. 侯如綺：〈必要與艱難——張放解嚴後小說身分敘事探析〉，《政大中文學報》第 32 期，2019 年 12 月，頁 281～313。

2. 梅家玲：〈性別 VS.家國：五〇年代的臺灣小說——以《文藝創作》與文獎會得獎小說為例〉，《臺大文史哲學報》第 55 期，2001 年 11 月，頁 31～76。

3. 曹欽榮：〈歷史交響詩——白色恐怖口述與跨領域研究初探〉，《中華人文社會學報》第 8 期，2008 年 3 月，頁 166～182。

4. 郭軍寧：〈老北京的冰糖葫蘆〉，《中華飲食文化基金會會訊》12 卷 4 期，2006 年 11 月，頁 17～20。

5. 鄒桂苑：〈段彩華研究資料彙編〉，《文訊》第 139 期，1997 年 5 月，頁 106～108。

6. 劉滌凡：〈黃春明〈看海的日子〉——文中「永生」神話原型的研究〉，《通識學刊：理念與實務》2 卷 2 期，2013 年 6 月，頁頁 101～118。

四、學位論文（依姓氏筆劃排序）

1. 余昱瑩：〈段彩華小說研究〉，臺北：私立東吳大學中國語文學系碩士論文，2011 年 8 月。

2. 彭嬌英：〈段彩華長篇小說研究〉，臺北：國立臺北大學中國語文學系碩士論文，2013 年 7 月。

3. 錢弘捷：〈戰後臺灣小說中老兵書寫的離散思維〉，臺南：國立成功大學臺灣文學研究所碩士論文，2005 年 6 月。

五、網路資料（依檢索時間排序）

1. 《文藝創作》：臺灣國立文學館《臺灣文學期刊目錄資料庫》，網址：〈http://dhtlj.nmtl.gov.tw/opencms/journal/Journal067/index.html〉，檢索時間：2020 年 2 月 13 日。

2. 《自由青年》：臺灣國立文學館《臺灣文學期刊目錄資料庫》，網址：〈http://

dhtlj.nmtl.gov.tw/opencms/journal/Journal062/index.html〉，檢索時間：2020年2日13。

3. 薇薇夫人：臺灣國立文學館《臺灣文學期刊目錄資料庫》，網址：〈http://www3.nmtl.gov.tw/Writer2/writer_detail.php?id=2456#〉，檢索時間：2020年3月27日。

4. 司馬中原：臺灣國立文學館《臺灣文學期刊目錄資料庫》，網址：〈http://www3.nmtl.gov.tw/Writer2/writer_detail.php?id=236〉，檢索時間：2020年3月27日。

5. 朱西甯：臺灣國立文學館《臺灣文學期刊目錄資料庫》，網址：〈http://www3.nmtl.gov.tw/Writer2/writer_detail.php?id=311〉，檢索時間：2020年3月27日。

6. 段彩華〈趕路〉，臺灣國立文學館《臺灣文學期刊目錄資料庫》，網址：〈http://dhtlj.nmtl.gov.tw/opencms/journal/Journal062/Volume0042/Article0028.html〉，檢索時間：2020年3月28日。

7. 段彩華〈你，戰火裡的廢鐵——給頹唐的青年朋友〉，臺灣國立文學館《臺灣文學期刊目錄資料庫》，網址：〈http://dhtlj.nmtl.gov.tw/opencms/journal/Journal062/Volume0045/Article0026.html〉，檢索時間：2020年3月28日。

8. 段彩華〈幕後〉，臺灣國立文學館《臺灣文學期刊目錄資料庫》，網址：〈http://dhtlj.nmtl.gov.tw/opencms/journal/Journal067/Volume0006/index.htm〉，檢索時間：2020年3月28日。

9. 中央通訊社《新聞專題·【六四專題】重返天安門》，網址：〈https://www.cna.com.tw/news/acn/201904155005.aspx〉，檢索時間：2020年5月4日。

10. 段彩華《榮民文化網·榮民才藝》，網址：〈https://lov.vac.gov.tw/zh-tw/culture_c_1_3_6.htm?1#C〉，檢索時間：2020年5月21日。

11. 《行政院國軍退除役官兵輔導委員會》，網址：〈https://www.vac.gov.tw/cp-1779-1728-1.html〉，檢索時間：2020年6月7日。

12. 《全國法規資料庫·戰士授田憑據處理條例施行細則》，網址：〈https://law.moj.gov.tw/LawClass/LawAll.aspx?pcode=F0140010〉，檢索時間：2020年6月8日。

13. 《分析：抗美援朝和志願軍的歷史爭議》，網址：〈https://www.bbc.com/

zhongwen/trad/world/2014/10/141007_focus_china_koreanwar 〉,檢索時間:2020 年 6 月 15 日。

14. 行政院《中華民國憲法及增修條文》,網址:〈https://www.ey.gov.tw/Page/ 13757D5A74F701EA/ab9ea18b-dac3-4201-8c13-54795f1ce65e 〉,檢索時間:2020 年 7 月 11 日。

15. 中央研究院數位典藏資源網:《專題文章:臺灣欒樹》,網址:〈https:// digiarch.sinica.edu.tw/content/subject/resource_content.jsp?id=442 〉,檢索時間:2020 年 8 月 13 日。

附錄一：段彩華出版作品目錄及提要

文類	書　名	出版社	出版時間	提　要	附　註
長篇小說	《山林的子孫》	臺北：幼獅文化事業公司	1969年6月	透過順序手法書寫青少年沙塔的成長歷程，以原漢之間文化綜攝之現象貫穿全書，揭露1980年代以前文壇鮮少處理的臺灣原住民議題。	作者將自己與臺灣排灣族生活所得之見聞描繪而出的故事。
	《三家和》	臺北：華欣文化事業中心	1974年10月	全書共17章，敘寫國內屠宰業走向電化屠宰的轉變過程，以平時細膩的筆觸揭露豬戶、肉攤、傳統屠戶間的矛盾與利弊。	1974年10月華欣版：因書名不吉，原書名《屠門》易名為《三家和》，內容與同年6月華欣版相同。
	《龍袍劫》	臺北：名人出版社	1977年10月	全書共25章，作者將清朝末年的家鄉傳說作為原型加以改寫，以龍袍被劫為主線，冷眼刻畫出中國歷史中獨裁專制社會的盲弊與殘暴，透過文末龍袍的轉移，象徵一個時代的更迭與轉變，節奏明快、武事風格極深。	正文前有段彩華〈《龍袍劫》前言〉

《賊網》	高雄：臺灣新聞報社	1980年6月	全書共 38 章，以男主角方皓然與白果莊莊主女兒林秀菁相戀為開端，揭示封建制度下女性渴望掌握自我命運的覺醒與困境。	
《上將的女兒》	臺北：九歌出版社	1988年9月	全書共 14 章，為作者改編自傳書刊中百字小品的故事，敘述上海總司令霍上將女兒霍玉嬌女扮男裝，與男主角葉正麟深入敵營找尋父親臥血之處，期間夾敘與漁家之女崔綠娃的三角關係，以細膩的筆觸反映身處戰亂時代百姓的痛苦與堅強。	正文前有段彩華〈自序〉。
《花燭散》	臺北：九歌出版社	1991年5月	全書共 30 章，以民國初年為背景，敘寫新娘丁淑月嫁靳家驃之子靳朋玉前遭土財主王仲勝之子王明杰所擄，逢遇一連串險阻與磨難後，最後仍以悲劇收場，情節緊湊紮實，人物刻畫生動，予人親臨實境之感。	
《清明上河圖》	臺北：九歌出版社	1996年6月	全書共 39 章，本書以名畫《清明上河圖》遭竊為始，敘寫朝廷派官兵尋畫的過程，並安排清明上河圖作者張擇端後人張光白穿插其中，手法巧妙，用思穩密。	別於前作用數字標記章節，首起各節命名的方式，章章相合，有一氣之效。

	《北歸南回》	臺北：聯合文學出版社有限公司	2002年6月	全書共24章，本書以三個故事為骨幹，並以其中兩個故事為軸心，透過穿引歸鄉人士，勾勒出大時代共同的歷史記憶與傷痛，情景交融，蘊含生命溫厚予諒解。	
中篇小說	《幕後》	臺北：（中華文藝獎金委員會）文藝創作出版社	1951年10月	透過主角第一人稱視角，描繪身在戰亂時代遭遇之人事物，在潔淨的語言意境，到出生逢亂世的苦痛與無奈。	全書共十章，為作者首部小說。
	《神井》	臺北：大業書店	1964年5月	本書透過鄉土風貌的情景刻畫投射自我感知，在飄泊的背景中藉以揭示東方世界生存面貌。	全書收錄〈插槍的枯樹〉等共25篇。正文前有司馬中原〈段彩華與其《神井》〉
	《雪地獵熊》	臺北：三民書局	1969年9月	本書集結創作於1962至1968年間的短篇小說，內容雖為早期作品，但早已顯見創作技巧之扎實，透過意識流與超現實手法，俐落呈現小說鏡頭的意象轉移。	全書收錄〈塞上打雁〉等共13篇。正文前有編輯部〈三民文庫編刊序言〉。
	《五個少年犯》	臺北：白馬出版社	1969年12月	本書集結創作於1962至1968年間的短篇小說，各篇主題簡明劇情卻深具戲劇性，末尾收束輕淡，留人涵咀。	全書收錄〈駱家南牆〉等共12篇。正文前有編輯部〈我們的話〉、段彩華〈自序〉、〈作者簡介〉、華生〈段彩華這個人〉。
	《鷺鷥之鄉》	臺北：陸軍出版社	1971年5月	本書敘寫一位陸軍官兵運用自身智慧，在艱困環境中達成任務，透過詩意的象徵寫法，表現出作者惡戰，祈求世界和平的理想。	全書收錄〈叫聲〉等共5篇。

	《花雕宴》	臺北：華欣文化事業中心	1974年7月	本書透過描寫時代漂泊下的小人物故事，反映出戰爭戕害將香的無力與無依，懷鄉知情不脫期間，無奈掙扎之中飽含對未來生活的積極期待。	全書收錄〈五個約會〉等共11篇。
	《段彩華自選集》	臺北：黎明文化事業股份有限公司	1975年1月	本書集結創作於1957至1970年間的短篇小說，以平時冷靜的筆法剪裁現實社會的幽微，並透露委婉嘲諷的象徵手法，揭露物質文化下人性矛盾灰暗之處。	全書收錄〈黃色鳥〉等共17篇。正文前有國防部總政戰部〈印補國軍官兵文庫叢書前記〉、作家照片及手跡、〈年表〉、正文後有〈作品書目〉。
短篇小說集	《段彩華幽默短篇小說選》	臺北：華欣文化事業中心臺北：中華文藝月刊	1976年1月 1976年1月	本書看似以第一人稱作為出發點嘲諷他人，實則界第一人稱嘲諷自我，透部不同鏡位的書寫映照自我省思餘留下的普世關懷。	全書收錄〈喜酒〉等共12篇。中華文藝版內容與華欣版相同。
	《流浪拳王》	臺北：天華事業出版有限公司	1978年8月	本書是做「電影」實驗小說，透過電影運鏡的書寫技巧，在場景兌換與人物心境轉移當中描摹出具有實境感風格之作品。	全書收錄〈孩子·小鳥·蜂窩〉等共9篇。
	《一千個跳蚤》	臺北：世茂出版社	1986年12月	本書為作者幽默短篇小說之集結，以巧合與氣氛營造，反映時下社會風氣，並對此進行反思。	全書收錄〈悍婦〉等共7篇。正文前有段彩華〈序〉。
	《野棉花》	臺北：爾雅出版社	1986年12月	本書集結創作於1951至1986年間的短篇小說，為創作生涯36年的自我回顧與紀念。	全書收錄〈門框〉等共8篇。正文前有段彩華〈自序〉，正文後有〈作者書目〉。

	《流浪的小丑》	臺北：駿馬出版社	1986 年 7 月	本書為作者幽默短篇小說之集結，以虛實的筆致敷陳不同題材，將時空情境托於紙上，寓情於物、簡練自然，予人感官上另一視野。	全書收錄〈雪山飛瀑〉等共 8 篇。正文前有司馬中原〈一射中的——序段彩華《流浪的小丑》〉。
	《百花王國》	臺北：世茂出版社	1988 年 1 月	本書為作者將自身對臺灣社會三十年來的體察以傳奇手法平時描繪，以夢帶入世變，展露出對現代社會的嘆息與無奈。	全書收錄〈花市〉等共 8 篇。正文前有段彩華〈序〉。
	《奇石緣》	臺北：華欣文化事業中心	1991 年 3 月	本書集結山林怪異、都市傳奇、拓荒者遭遇、小人物悲喜主題之作品，以洗練的筆觸烘托社會各層的人生面貌。	全書收錄〈碧峯農莊〉等共 9 篇。
	段彩華小說選集》	臺北：臺灣商務印書館股份有限公司	2006 年 11 月	本書以 1960 至 1980 年代為分界，汲取大時代下的社會灰暗，筆法詼諧，行文簡練，直指人生現實面。	全書收錄〈六月飛蝗〉等共 11 篇。正文後有〈段彩華書目〉。
	《放鳥的日子》	新北市：新北市文化局	2013 年 11 月	本書取材生活或生命經歷，透過自我與社會間的關係，運筆穩健、安排嚴實。	全書收錄〈牧野星隱〉等共 11 篇。正文前有朱立倫〈市長序〉、段彩華〈自序〉、吳鈞堯〈續寫流域〉正文後有段彩華〈我的第一信仰〉。
散文集	《新春旅客》	臺北：中華文藝月刊	1976 年 11 月	本書為作者記述生活見聞與戲劇鑑賞之評論。	全書收錄〈新春旅客〉等共 13 篇。
	《無限時空逍遙遊》	臺北：文史哲出版社	2009 年 8 月	本書為作者觀照自身旅遊經驗，透過深厚敘寫手法，映照對社會的感懷，富含哲思理蘊。	全書分「忘月卷」、「逍遙遊卷」、「評賞卷」三卷，收錄〈大廈病〉等 33 篇。正文前有段彩華〈自序〉。

論述	《國劇故事第三集》	臺北：行政院完畫建設委員會	1992年7月	本書為作者論析國劇之評賞，就劇目時代背景、人物安排、劇情鋪陳、藝術表現分篇改寫及解構，詳述國劇藝術於中國傳統下的定位與流變。	全書收錄〈李亞仙〉等共10篇。正文前有郭為藩〈序〉、段彩華〈自序〉、〈作者簡介〉
	《水滸傳思想評論》	臺北：自印	2009年3月	本書集結作者連載於1968年6月至1969年1月《新文藝》第147～154期之《水滸傳》論述，按其藝術、思想、劇情結構、人物安排分章析論，系統性揭露施耐庵創作思想要義。	全書計有6章。正文前有段彩華〈序〉，正文後有段彩華〈後記之一〉、〈後記之二〉，附錄〈參考書籍〉。
傳記	《第一位法學家：王寵惠傳》	臺北：近代中國出版社	1982年1月	本書為近現代中國法學奠基者王寵惠傳記，記錄其自少年時期受革命思想之薰陶，至從政之路上及其一生在外交。司法、文化方面對現代中國及國際的影響與貢獻。	全書計有13章。正文前有秦孝儀〈先賢先烈傳記叢刊序言〉、王寵惠照片，正文後有〈王寵惠先生大事年表〉、段彩華〈後記〉。
	《轉戰十萬里：胡宗南傳》	臺北：近代中國出版社	1984年3月	本書為陸軍一級上將胡宗南傳記、記錄其秉持自身人哲公忠體國，清廉堅貞與愛才惜人的一生。	全書計有18章。正文前有秦孝儀〈先賢先烈傳記叢刊序言〉、胡宗南照片及手跡，附錄〈本文主要參考資料〉。
	《協和四方：李烈鈞傳》	臺北：近代中國出版社	1987年6月	本書為革命將領李烈鈞傳記，記錄其一生自求學以來，追隨孫中山先生踏入革命之路，絕棄營私，為國謀事決議，致死仍心繫國家，為中華民國奠基立國之巨柱。	全書計有25章。正文前有秦孝儀〈先賢先烈傳記叢刊序言〉、李烈鈞照片及手跡，正文後有段彩華〈後記〉。

《王貫英先生傳》	臺北：文化建設基金管理委員會	1999 年 6 月	本書為平民教育家王貫英傳記，記錄其離鄉捨身報國乃至效崇武訓興學，以儒德精神弘揚中華文化之精神。	全書計有 50 章。正文前有林澄枝〈序〉、王甲乙〈代序──利他主義的實踐者〉、段彩華〈自序〉照片及手跡，正文後有段彩華〈後記到桓家村尋根〉，附錄〈饅頭賦〉、〈興學歌〉、〈本書參考資料〉。 2001 年版：英譯本。
《我當幼年兵》	臺北：彩虹出版社	2003 年 3 月	本書為作者自傳，記錄作者來臺後的親身經歷與懷想，以深切沉穩的動態敘寫技巧展現了作者的創作理念與現實關懷。	全書計有 15 章。正文前有〈作者簡介〉、段彩華〈序〉、段彩華〈我的第二家園〉，正文後附錄段彩華〈戲迷世家〉、段彩華〈膽結石割除時的快樂〉、段彩華〈母親的醃菜罐子〉、〈作者書目〉。
《震驚隨護人員的大力士鍾愛民傳》	臺北：自印	2011 年 12 月	為蔣宋美齡貼身護衛鍾愛民傳記，記錄其自幼至長力氣過於常人戲劇性的一生。	本書由鍾愛民口述，段彩華紀錄整理。

（參見張恆豪編：《臺灣當代作家研究資料彙編・86・段彩華》〈作品目錄及提要〉，臺北：國立臺灣文學館，2016 年 12 月，頁 45～56。）

附錄二：就養老兵訪談紀錄

訪談地點：屏東榮譽國民之家
地址：屏東縣內埔鄉建興路 100 號
訪談時間：2019 年 8 月 29 日

　　這趟訪問的目的在於結合本論文題目：段彩華《北歸南回》研究，尤其小說中老兵書寫引發研究者對內埔鄉屏東榮譽國民之家就養老兵的關注。受訪的老兵是 1949 年國民政府因國共內戰失利，退守臺灣前從軍並參與戰事的榮民。期能透過訪談更了解他們漂流來臺的心境變化，以及返鄉後對於家鄉的看法。

　　此次成行，要感謝陸官五十期的同學李孟保先生的牽線，熱心聯繫官校同期同學，即現任屏東榮譽國民之家主任王少谷先生，在對象有條件的選擇下，安排四位 1949 年隨軍來臺的老兵，並徵詢其受訪意願後簽下受訪同意書。其中三位是軍人退伍，含一位越過鴨綠江參加過韓戰的反共義士。另一位較為特殊，雖然不是軍人，但因服務於上海兵工廠，為軍中聘僱人員，因生產製造屬機敏品項，也集體隨軍來臺繼續從事既有工作，退休後亦屬榮民身分並申請就養。訪談內容整理如後：

一、韓國成，韓戰反共義士，湖南省芷江縣人現年 93 歲。

問：請問韓伯伯，您何時來臺，老家在哪？

答：民國 39 年因韓戰爆發，我是被共產黨徵召從軍隨即派往北韓參加抗美援朝作戰，期間被俘被關在美軍所設置的集中營內，43 年 1 月 23 日隨著一萬四千名反共義士遣送回臺灣，回到臺灣仍留在軍中直到退伍；老家是湖南，現已九十三歲了，在國共內戰與韓戰爆發當時，飽受戰亂的迫害，至今仍心有餘悸往事不堪回首，大部分的記憶因不願回想而已經忘掉。

問：您回過老家沒？家中還有些什麼人？

答：開放探親後有多次返鄉，但家中已沒有親人了，就算有也早就失聯囉，現年紀大了，對家鄉的人事物已記不清楚了，在臺灣結婚的生有一女，一年多前搬進屏東榮家，女兒常來探視。

後記：韓伯伯因參加韓戰，身心飽受煎熬，不願多談家鄉及從軍往事，故對於筆者的提問，大部分均帶著顫抖且含糊的聲音回應。韓伯伯因病於 2020 年 7 月 21 日往生，願他老人家英靈保佑中華民國千秋萬世。

二、蔣鳳翔，1949 年志願加入陸軍，安徽省嘉山縣人現年 86 歲

問：請蔣伯伯談談您當年撤退來臺的經過？

答：民國 37 年戰事開始吃緊，共產黨聲勢坐大，在當時因愛國心的驅使，就在家鄉參加了軍隊，就一直跟著部隊移防，並未參與實戰，最後駐守於舟山群島，準備跟共產黨決一死戰，但也許是為保存實力，過沒多久上級即下令撤退搭海軍軍艦轉進臺灣。

問：部隊到了臺灣後，略述您當年的處境為何？

答：下了船之後，隨著部隊到了屏東，我一直留在軍隊直到退伍，我在臺灣結的婚，雖然成了親自組家庭，剛開始因思鄉情切仍然走不出離鄉的陰霾，一心想要回老家，但一等就過了 40 年。生活在臺灣就如小井市民般過日子，養家生兒育女，直到申請來榮民之家就養，像是又回到部隊的團體生活，女兒也經常來此探望，一切還算是平靜。

問：政府開放探親後，您有回老家嗎？回去過幾次？

答：有回過三次，除了回大陸觀賞河山景物外，最主要的去探望離散已久的家人，但回去時並無重逢的喜悅，所見的卻是一座座的墳塚，當下內心悲感交集至今仍是感概萬千，當然返鄉還有一件大事要做就是祭祖，在祭祖

之時家族的親人都見著了。家鄉的一景一物，已不復以往記憶所在，經歷文化大革命之後，再也拼湊不起來了。雖然是家人，但分隔多年又世代不同，親情的感覺就好像是缺少了一塊，我也說不上來。

問：在臺灣生活了將近 60 年，經歷兩次探親後，請問您有重新思考過何處才是家鄉嗎？

答：我可以非常肯定地告訴你，臺灣就是我的家鄉，我成家立業於此，將來終老也要埋在這塊土地上，在大陸生活十七年感覺就像是在車站等車的旅客，雖然是生於斯、長於斯，但我剛才有說過，那裡景物已變，雖然是家人但親情的感覺薄弱，那裡只能稱之為老家，已經是過去式了。

三、李廉，1949 年志願加入陸軍雄獅部隊，廣東梅縣人現年 90 歲

問：伯伯您好，您可以談談是如何來到臺灣的？

答：我 20 歲就當兵那時正是民國 38 年，當時還是個年輕力壯的小夥子，當時局勢很亂在剿匪失利下，國家需要更多的軍人來打仗，我就順勢從了軍加入我所嚮往的雄獅部隊，也是隨著部隊一路撤退、轉進真是疲於奔命，最後到了舟山群島駐防，但是過沒多久又接獲命令來到了臺灣，一路並未與共軍遭遇，故並無實際打仗經驗。

問：以您當時從軍的年齡來推算，是否在大陸老家已成過親？如果是，那麼您怎會義無反顧地加入軍隊，可以說說您當時的心境嗎？

答：真是往事不堪回首，當時我並沒有結婚是來臺灣成家的，育有一男一女，現皆已事業有成，雖然心事已了，但仍有一份罣礙就是割捨不下對老家的思念。

問：請問您可曾有返鄉探親，若有，回去的次數與頻率，以及您的感受如何？是可否分享一、二事？

答：自開放探親後，幾乎每年回去一次，算算也有十次之多，直到體力漸衰，在兒女的建言下才不回去了，剛開始提著三大件五小件回老家，直到老家的經濟改善，老同學、好朋友真是見一次少一次，每年回去不是聽到親朋好友誰誰走了，就是不良於行或變癡呆了，剩下的大多是晚輩也沒有什麼交集，雖然人不親土親，但家鄉的感覺在長輩與同輩的先後離世下，已經很淡薄而逐漸消失，這也是我不再回去的另一個原因。

問：正如李伯伯所言，我想請問您心中的家鄉是在哪裡？

答：當然是臺灣啦，我的後代兒孫都生長於此，我在這的時間比待在老家還多上好幾倍，我的家鄉當時就是臺灣也就是中華民國政府的所在地。

四、嚴向義，原為山東兵工廠擔任技術員於 1949 年全廠撤守轉往上海兵工廠，山東莒縣人現年 92 歲

問：嚴伯伯，您不同於前面三位老人家非軍人出生，可談談您的經歷嗎？

答：因為我父親在老家時為山東兵工廠的管理隊長，藉人事之便順理成章地在裡面就進入該廠工作，一直做到位於臺北南港的 202 兵工廠，其中因戰事不利，大陸江山在眼看守不住的情形下，所有設備與人力才由山東原址遷至上海，之後亦隨著局勢改變轉進來臺灣，船靠泊基隆港，在臺北南港重新設址建廠，我做到了退休年限才離開，也算是半個軍人吧，因為我上班時間都在玩鎗摸砲。

問：您來臺之後是否有穩定的職業與生活，請問結婚了嗎？

答：沒有，就因為如此才申請來這養老。

問：您是單身，所以返鄉探親對您來說沒什麼後顧之憂，請問回大陸老家過嗎？離家這麼多年了，現在在您心裏的家鄉又是何處？

答：正如你所說我是沒有後顧之憂，算算我已經回去十幾次了；記得第一次回去的時候，是民國 78 年，因為在兵工廠負責加工製造機敏設備，所以回老家探親時我都很低調，經常沉默寡言，無論跟親友或同學，甚至以前留滯家鄉的老同事都是一樣的應對，每次回去就是敘舊或是舊地重遊，總是想要把時間倒置回到從前，但那已經是不可能的事了，那兒對我來說也只是記憶中的一部分，也沒什麼特別的意義了。說到家鄉的認同，雖然我單身一人，但我人生的精華卻是在臺灣度過，老家在我記憶以來僅僅是曇花一現，老家的人事物已不再現，且生活習慣在比較下已無法適應，因此臺灣才是我真正的家鄉。

附記：此段提及「機敏設備」，係指機密且因敏感易讓外人有所質疑的武器裝備，如新型研發或他國秘密援助的武器裝備。因為有攻擊與防禦設定的參數深恐外洩，被敵人知悉，故要嚴格管控並限制知情對象。此類設備一概歸類機敏等級列管，也一如企業界的商業機密。

附錄三：老兵訪談同意書

韓國成訪談同意書

同 意 書

茲同意國立屏東大學中國語文學系碩士生
陳建華訪談,並將受訪內容及照片,附錄於
畢業論文《段彩華《北歸南回》研究》。

受訪者 韓 國 成

(已於109.07.21病故)

代筆簽名: 王少谷 〔主任王少谷〕

日 期 109.08.31

蔣鳳翔訪談同意書

同 意 書

茲同意國立屏東大學中國語文學系碩士生
陳建華訪談，並將受訪內容及照片，附錄於
畢業論文《段彩華《北歸南回》研究》。

受訪者：蔣鳳翔

（敬請簽名）

日　期：109.0831

李廉訪談同意書

同 意 書

茲同意國立屏東大學中國語文學系碩士生
陳建華訪談，並將受訪內容及照片，附錄於
畢業論文《段彩華《北歸南回》研究》。

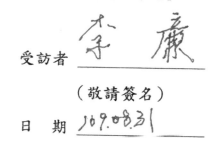

受訪者

（敬請簽名）

日　期　109.08.31

嚴向義訪談同意書

同 意 書

茲同意國立屏東大學中國語文學系碩士生
陳建華訪談，並將受訪內容及照片，附錄於
畢業論文《段彩華《北歸南回》研究》。

受訪者 嚴何義

（敬請簽名）

日　期 109. 8. 31

附錄四：老兵訪談照片

（訪談時間 20190829）

作者攝於屏東榮譽國民之家辦公大樓前

同學李孟保、主任王少谷（中）與作者於主任辦公室前合影

韓國成／湖南省芷江縣／93 歲／韓戰反共義士

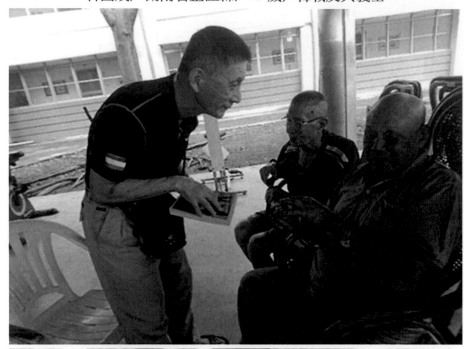

蔣鳳翔／安徽省嘉山縣／86 歲／1949 年志願加入陸軍

李廉／廣東省梅縣／90歲／1949年志願加入陸軍雄獅部隊

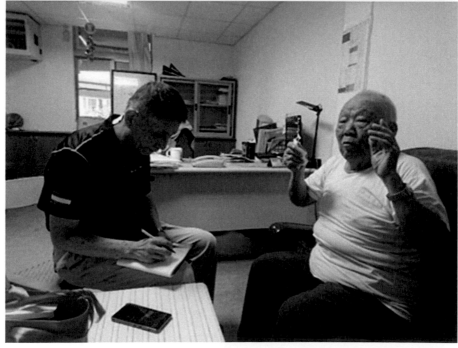

嚴向義／山東省莒縣／92 歲／1949 年隨山東兵工廠撤轉臺灣

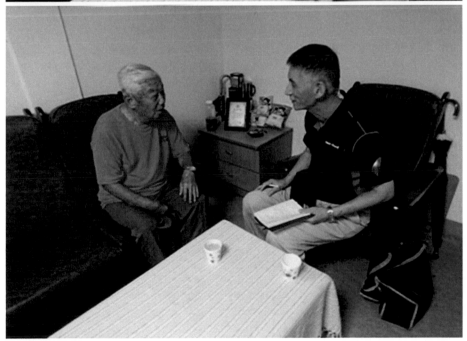